陳顧遠◎著

中國古代婚姻史

山西出版傳媒集團
山西人民出版社

中國古代婚姻史

主　　編　許嘉璐
著　　者　陳顧遠
責任編輯　梁晉華
助理編輯　張　潔

出 版 者　山西出版傳媒集團·山西人民出版社
地　　址　太原市建設南路21號
郵　　編　030012
發行營銷　0351-4922220　4955996　4956039　4922127(傳真)
天猫官網　https://sxrmcbs.tmall.com　電話　0351-4922159
E-mail　sxskcb@163.com　發行部
　　　　sxskcb@126.com　總編室
網　　址　www.sxskcb.com

經 銷 者　山西出版傳媒集團·山西人民出版社
承 印 廠　山西出版傳媒集團·山西新華印業有限公司

開　　本　700mm×970mm　1/16
印　　張　10.75
字　　數　90千字
版　　次　2014年12月　第1版
印　　次　2024年2月　第2次印刷
書　　號　ISBN 978-7-203-08874-5
定　　價　54.00圓

圖書在版編目(CIP)數據

中國古代婚姻史 / 陳顧遠著. - 太原 : 山西人民出版社, 2014.12(2024.2重印)
(近代名家散佚學術著作叢刊 / 許嘉璐主編)
ISBN 978-7-203-08874-5

Ⅰ. ①中… Ⅱ. ①陳… Ⅲ. ①婚姻制度 - 歷史 - 中國 - 古代 Ⅳ. ①K892.22

中國版本圖書館CIP數據核字(2014)第289758號

《近代名家散佚學術著作叢刊》編委會

出版説明

近代名家散佚學術著作叢刊選取一九四九年以後未再刊行之近代名家學術著作共一百二十册，編例如次：

一、本叢書遴選之著作在相關學術領域具有一定的代表性，在學術研究方向、方法上獨具特色。

二、爲避免重新排印時出錯，本叢書原本原貌影印出版。影印之底本皆經專家組審定，原書字體大小，排版格式均未做大的改變，原書之序言、附注皆予保留。

三、本叢書分爲八大類，以作者生卒年編次。

四、爲使叢書體例一致，本叢書前言後記均采用繁體字排版。

五、個别頁碼較少的版本，爲方便裝幀和閲讀，進行了合訂。

六、少數學術著作原書内容有個别破損之處，編者以不改變版本内容爲前提，部分進行修補，難以修復之處保留缺損原狀。

七、原版書中個别錯訛之處，皆照原樣影印，未做修改。

八、所選版本之抽印本頁碼標注，起始至所終頁碼均照原樣影印，未重新編排標注新頁碼。

由於叢書規模較大，不足之處，殷切期待方家指正。

總序／披沙瀝金，以爲鏡鑒

◇許嘉璐

多年來有一個問題始終在我腦中盤桓：爲什麽在十九世紀末到二十世紀初，在短短的幾十年裏，中國的各個學術領域竟涌現了那麽多大師級的人物？這是中國近代史上一個極爲重要的現象，我認爲，如果不能給出令人滿意的答案，我們撰寫的近代學術史將是不完整的，甚至是缺乏靈魂的。後來我知道，著名人類學家克羅伯曾提出過一個問題：爲什麽天才成群地來？看來這種現象的出現並非中國所獨有，思考其所以然的也大有人在。而在那一次世紀之交中國的情況，似乎應驗了「天才成群地來」這個令克氏久久不解的疑問。錢學森先生曾從相反的方向提出了相同的疑問：爲什麽我們這個時代出現不了杰出人才？後來人們稱這個問題爲「錢學森之謎」。

要回答這些疑問不是件容易的事。與其迅速地囫圇地探尋，不如先多了解那些讓中國近代學術（應該包括人文科學和自然科學）史上閃耀着光輝的大師們的作品和自述，從而在腦海里盡量「復原」他們所處的環境和在那種環境下的心理路徑，從中或許可以得到一些啓示。

有一點是顯然的，這就是他們雖然都已遠離塵世而去，但是他們獨立思考的品性、求知治學的真誠、困厄窮愁中對節操的堅守，恐怕是他們共同的主觀因素，一直影響到現在，而且將會永遠留存下去。

就思想界、學術界而言，二十世紀上半葉是一個新説和舊説碰撞，中學和西學融匯的大時代。那時的學人極爲重視言行操守，同時具備現代知識分子的理想信念；他們的學術研究十分純净，絶少功利因素；他們的視界開闊，以包容的心態和嚴謹的風格造就了成果的大氣與厚重。至於在客觀因素一面，他們實際是在用工業化時代的事實解説着太史公所説的名山之作「大抵聖賢發憤之所爲作」，困厄苦難使得他們「皆意有所鬱結」。這種鬱結，幾乎和個人的名利毫無牽涉，他們永遠不能釋懷的，是民族的存亡、國運的興衰、民衆的福禍和文脈的續斷。

那個時代也是近代歷史上最大規模的中西古今學術調適、創新的時期，學術方法上的交互滲透和融合、創新亦可謂「於斯爲盛」。斯時之學人是要在封閉的屋墻上鑿出窗子的勇士，是使人能够看看外部世界的第一批導夫先路者；或者可以説，他們是在「意有所鬱結」時「彷徨」和「吶喊」的「狂人」。

相對於那時的哲人們，後來者是幸運兒。現在的形勢是，近三十年來學界空前繁榮，衆多學科有了長足之進，其中很重要的一點是學界有了更新穎、更廣闊的國際視野，似乎接續上了百年前的學壇盛事。但細想想，「古」與「今」還是有差別的。其异，主要不在於世界情勢、學術進展、工具改善這些客觀存在，而在於在廣泛吸收各國優長的同時，自身文化的主體性越來越受到重視，换言之，「拿來主義」已經延長了「拿來」的程序，加上了試用、甄別、篩選、吸收、融合、成長。就我孤陋所見，在當今地球上，面向所有異質文明，努力汲取我之所缺，其範圍之大和心態之切，似乎無出中國之右者。從這個角度説，我們已經超越了前輩。但是事情還有另外一面，學術，特別是人文學科，其職業化、「沙龍化」和功利性，以及隨之而來的浮躁病却嚴重了。從這個角度説，是不是我們已經後退得够可以的了？而這是不是我們這個時代出不了大師的原因之一呢？

民國學術界的特點之一是極爲注重對傳統文化的反省、批判與繼承。他們對傳統文化盡最大的努力進行整理和研究。一方面，由於戰亂頻仍，民不聊生，學者們擔起了讓中華文化薪火相傳的歷史責任；另一方面，他們要通過對中國傳統文化的整理、挖掘來重振民族自信心。這一時期對傳統文化進行整理的全面而深入是前所未有的，舉凡文字學、語言學、經濟學、法學、哲學、政治制度、書法繪畫、金石學……規模之宏大，研究之精微，令人嘆爲觀止。

民國學術推動了現代學科體系的建立。在對傳統文化整理和研究的基礎上，吸收西方的文化思想和理念，推動和建立了中國現代學科體系。例如，在對語言文字和音韵學成果進行整理、研究的基礎上開始着手規範之，建立了國語學；深入研究書法、國畫，將其融入了現代美術學科；在廢除舊有學制後逐步建立起小、中、大學較完整的科目和學科體系。

民國學術也改變了傳統學術方式，建立了新的研究範式。以現代科學考古爲發端，科研的實踐和成果使中國知識界真正認識到在實驗、比較基礎上的邏輯分析對學術研究的重要，推進了中國學術的一大演變。至於我們常説的打破士大夫傳統、走出書齋到田野鄉村和市民中進行調查研究、結束了經學時代、以歷史眼光檢視儒學和諸子等等，都是確立新學術範式的努力。這一轉變，也標誌着中國學術界脱胎换骨，全面進入了現代，爲此後的學術發展奠定了堅實的基礎。當然，西方啓蒙運動以來，在「現代性」和「現代化」裏潛伏着的缺陷和謬誤也傳到了中國，這些不能不在前哲的著作裏留下痕迹。這並不奇怪。類似的情況，古往今來孰能免之？猶如今天的我們，誰敢自稱我之所見就是永恒的真理？在這個問題上兩個時代所異者，或許就在昔時大家創立新説或譯註西學著作，往往是懷着對學術和前哲的敬畏而爲之，故而常常誤不在我；當今則往往出於對學問和他人的輕蔑，或以所研究的對象爲謀己的工具，因而難辭主觀之咎吧。翻閱他們的心血之作，這些復雜的狀況可以顯見，可以視之爲我們的一面鏡子。

滄海桑田，世事變幻，歷史的動盪和時代的遮蔽，使當年許多大師的一些極有價值的學術著作被棄於故紙堆中，不能不令人有遺珠之憾。爲此，山西人民出版社不惜以數年之艱辛，披沙瀝金，編輯出版這套近代名家散佚學術著作叢刊，凡一百二十册，計文學、史學、政治與法律、美學與文藝理論、民族風俗、宗教與哲學、經濟、語言文獻共八大類別。所選皆爲作者之純學術著作，無論是其見解、精神，抑或是其時代烙印，都是後輩學人可資借鑒的寶貴財富。他們出版這套叢書，意在讓世人不忘來程，知篳路藍縷之不易，爲民族文化的傳承再增薪木。

出版社的初衷，與我近年來所思所慮近似，故願略述淺見於書端，以與策劃者、編輯者和讀者共勉。

二〇一四年七月六日

改定於自安東回京途中

前言

◇王繼軍

一切歷史都是當代史，人類歷史具有延續性，現實之中包含着歷史的因素，割不斷的傳統深刻地影響着當代社會；歷史可以從當代的角度去發現和解讀，當代所面臨的現實問題，促使我們去追尋它形成的根源，去叩問前人的智慧，以資借鑒。在平静緩慢、綿延不絶的歷史長河中，總有那麽一些波瀾壯闊、起伏跌宕的時期，它們所孕育的巨大轉折價值和意義深深地影響着後來者。近代中國社會經歷了亘古未有的大變革。就經濟而言，傳統的自然經濟結構受到衝擊，資本主義因素的工商業在經濟體係中佔據越來越重要的地位；在政治上，帝制衰敗，共和肇興；在法律方面，傳統的法律典章再也不能够適應富强、民主、自由、科學的社會需要，西法東漸，勢不可擋；在文化和學術上，東西文化的碰撞、交流與融合，使得發現新資料、運用新方法、創造新範式、提出新思想成爲可能。中國近百年的歷史可以説是一個從傳統社會轉向現代社會的歷史。

開放的思想是人類理性挑戰愚昧的鋭器，自由的學術是世界邁向理想社會的階梯。一代學人以他們廣博的學識、獨立的品格、創造的思維、勤奮的勞動，推出燦若繁星而又堅實厚重的學術成果，爲時代提供智慧的啓迪和思想的指引，以一種獨特的方式積極參與到社會變革的偉大歷史進程來。學術的力量是長久和巨大的，學者的貢獻是不應該被忘記的。

本叢刊政治與法律部分，輯録了于佑虞、聞亦博、曾松友、宋希庠、楊德森、常乃悳、瞿同祖、王振先、熊理、朱章寶、蔡樞衡、趙鳳喈、陳顧遠、郭箴一等名家散佚的論著，其中涉及社會形態、政治制度的歷史與學説、中國古代的倉儲、糧政、勸農、海關、婚姻等制度、婦女問題以及中國法律之精神與法律現象變遷等諸多方面的重要論題。這些論著具有資料豐富、考證翔實和「思他人所未思，言他人之未言」的共同特徵，又在方法、結構、風格方面展現出摇曳多姿的形態。有的長於叙事，爬梳整理，去僞存真，娓娓道來；有的善於思辨，歸納演繹，比較剖析，鞭辟入裏；有的體大思精，在宏大的架構中闡説精妙的見解；有的以小見大，於細微處見精神。這些論著無疑成爲中國學術史上的瑰寶。

閲讀是一種交流，研習先輩學人的著作，就仿佛與杰出的心靈展開了一場穿越時空的對話；閲讀是一種沉思，浸潤於那些深邃的思想裏，使我們得以忘却外部的喧囂與繁華；閲讀是一種旅行，我們汲取歷史的滋養，再向更遠處出發。

是爲序。

作者簡介

陳顧遠（一八九六年—一九八一年），字晴皋，陝西三原人。曾受教于著名法律史學者程樹德，研究歷代律例與刑名。廣泛涉獵法學、政治學、歷史學的許多領域，在講授相應課程或從事相應立法工作之餘，撰寫和出版了中國國際法溯源、中國法制史、中國法制史概要、國際私法總論、國際私法本論、海商法要義、商事法、土地法實用、保險法概論、民法親屬實用、民法繼承實用、立法要旨、立法程序之研究、中國婚姻史、中國政治思想史緒論、政治學、中國文化與中國法系等著作或教材三十餘種，發表論文數十篇。

序言

我要做這部東西的原因有數層，擇其重要的寫在下面。

（一）要研究社會學當然要研究社會上各種普通的和特殊的現象；而社會上這些現象絕不自今日起，大都是經過數千百年遞次因變的結果。所以想用社會學的研究解決現有的問題，倘不明白這題底起源和歷史，便難尋出他的演進的原理，和自身存在的所以然，也就無從下手了。那麼研究現時中國的婚姻問題當然是要依樣辦的。中國現時的婚姻不特在事實上有各種現象，如同納妾娶婢，路遇野合，夫死不嫁，妻跟人跑，以及無道理的『儀注，』不可解的『限制，』眞是五花八門，樣樣俱全。卽就在理論上也是你雖主張一夫一妻的小家庭制，我卻主張自由戀愛，不要家庭，他或者更要主張保存現時的狀況；各有所是，究竟將誰是從？這就得一方面從其他地方去推求，如社會心理，財產制度的研究，都足以供解決這問題的參考。一方面就要用返顧的方法，熟知以往婚姻情形是怎麼樣，至少也可作解釋現時婚姻現象底是非標準的。換句話說，能知道這種現象發生的起因，維持的理由和時代的關係，自然會斷定他在現時有無存在的必要了。

（二）社會學底研究雖然不像歷史學那樣具體的，卻也不能白口說空話，總得要有例證，方可顯出他所說的是眞確的道理。因而研究過去的或現在的各種社會問題——婚姻問題當然在內，借用人類學家和旅行家的力量的地方很多，無非重在他們能就其所考查所閱歷給這裏以確實底證據。不過現時關於這項材料，多半限於中國以外各地，而中國以世界開化最早的國家，反倒給社會學上設有供獻出多少的材料，實在是一件憾事。在外國人方面尚可以國情不熟，難於從事以卸其責，但本國人又豈可故意躲懶，不自嘗試呢？所以我向來就主張費一番工夫，賣一回力氣，把中國歷史上的社會現象整理出來，幫幫社會學家的忙，盡盡我個人想盡的義務。今天要寫出的這部東西特是一種『嚆矢』罷了。

不過要寫出一部完全的東西現時卻很困難。原來：

（一）想把古代的制度考究得淸淸楚楚，自己總須打破世人傳述的範圍以外，另找出千眞萬確的證據，纔覺可靠。但是我現在對於人類學金石學都沒有研究，當然不能自找可靠的材料，而祇能從古書中旁推直引地寫出這部東西來。古人的書都是成於有史以後，而婚姻的存在依樣在無史時代有的所以沒有其他證據可援，我們只能述古代的婚姻是怎麼樣，絕不能描寫婚姻的起源是怎麼樣。古書中雖然也有追敍的，但這都是著書人想像的研究，他自己或且不能自信，我們又何必援引來充塞篇幅。這一段意義在本論第一章中說得很詳，這裏姑且從略。

（二）即就是這幾本古書，引用起來還得費一番斟酌。因爲秦皇燒書，項羽焚城的緣故，而漢儒又喜造假，後來尋出的書便不免有眞假的分別，這其間對於考查古代的社會狀況就大有關係。倘若這書眞是周以前的東西，慢說所說的事實確是可靠，即就書裏頭的主張也算是古代人對於婚姻的觀察了；反過來這書倘是假的，時代有誤，雖係特說，必不能認爲是眞了。再說一本同樣的書就是無有眞假的分別，卻又因後人的解釋不同，原書的意義相差便甚。比如詩經上的采葛一篇，有解釋是懼讒，有解釋是幽會；周禮上的奔者不禁一節，有解釋是淫奔不禁，有解釋是淫奔必禁（詳本論中），這就給我們一個很困難的問題了。所以在國故未完全整理以前，要考查起古代的婚姻狀況，更不知何往是錯，這又是本書未敢自信能完全的一個理由。

（三）況且社會現象都是多方面的，不過我們爲研究便利起見，纔分爲婚姻，家族，會社……，絕不能說討論婚姻時候，就只是討論婚姻，和其他的現象沒有關係的。他們好比一個網上的線，誰也不能獨立起來。所以研究婚姻時候，就要扯到家族的範圍裏，實是不可逃避的事。但這部書是我開首研究社會現象的東西，其他的現象當然沒有精確的考查，自不能有良好的引用，這書在無形中也就減色了。那麽除過把這東西姑且完成以後，再做考查其他社會現象的工夫，折回頭來，從新删定一次，我想那時總能够產生出一個比較完全的東西。

但是我的這部東西卻也有好多要點不可不說。是那幾端：

(一)我認定無論那一種社會問題研究起來，總得有三方面的看法。即拿婚姻作例說；一種是婚姻的制度，就是指着當代所通行的，也是古書中所記出的婚姻上的原則，如同結婚的程序儀注等等都是。一種是婚姻的現象，就是指着一地所特有的，也就是古書上所認爲婚姻的例外的，如同男女不待媒而奔，夫妻因兵荒相棄等等都是。一種是婚姻的理想，就是指着當代人對於婚姻的主張，也就是古書上所載出的婚姻救濟方法，如同周禮上的媒氏，管子上的合獨等等都是。我在本書中，雖然沒有具體地像這樣分起類來，可是寫做的時候，卻默記着這種觀念，常常把他點明出來。那麽讓人看起來，或者不至於把制度現象理想，看成了一個東西，而失去事情的眞實。

(二)我做這東西採用的方式，既不是完全縱觀的，也不是完全橫觀的。爲什麽完全不用縱觀？

固然因爲關於太古以及夏商等代的婚姻情形，我們不能夠詳細知道，犯不看依次來說，但最要的地方實在因爲我們不是純用歷史學家底眼光來研究婚姻，是用社會學家底眼光來研究婚姻的。那麼欲其以時代遞次分述，趣重於具體的考究，倒不如用人爲的分類，纔可避去像研究歷史的成套。況且歷史上的時期詳細分類，大都以帝王朝代爲標準，婚姻雖有時受朝代更換的影響，卻不能盡受其支配。卽就我現在採用古代，中世，近期的大分類，亦不過因爲做這東西時候便利起見，絕非婚姻經過的歷史，眞是有這樣分別。爲什麼完全不用橫觀？因爲我們不是統計一時一代的婚姻事實，而用一種『現誌』式的寫法。那麼當然要用歷史的哲學因變方法來研究。就是說：比方談論到婚姻的儀注上，這儀注不是一成不變，必有其起源，又有其結果，相浸相衍，纔產出今日的情形，這種因變，纔是應當注意的。所以本書因敍述的便利，先分爲古代，中世，近期三編，是採用縱觀的方法，而每編之中，便不依朝代强有所分，特就婚姻問題本身上分起類來，是採用橫觀的方法。但在橫觀之中，因有因變的關係，卻仍按諸時代，詳者詳述，略者略述，闕者從闕，同者免重，而某地某方的有異，又是統屬在其時代中說的，這更是兼採縱觀和橫觀的方法了。依同理，以前的社會中，既有階級制度存在，天子婚姻，貴族婚姻，庶人婚姻，絕對不同，而尤以封建時代爲甚。我們也就不能統說天子婚姻是怎麽様，諸侯婚姻是怎麽様，仍然在婚姻問題本身上的分類裏頭，再列舉天子，諸侯……的不同罷了。關於此端，可參看本論第六章，不多說了。

陳顧遠一三，六，一，在北京

中國古代婚姻史

目次

中國古代婚姻史

第一章　婚姻底觀察

我們要泛論起中國古代底婚姻制度，絕不能以婚制底起源與婚制底維持，認爲是同樣的問題。婚制底起源是說怎麼樣婚制纔發生出來；婚制底維持是說爲什麼婚制纔永存起來。要考查中國婚制怎麼樣地發生，總得從客觀方面找出確確實實底證據，專門來靠幾本古書是不成功的。但是在古書以外，要尋出新鮮的材料，卻非一時所能辦到；那麼我們就把第一個問題擱起，而單單研究婚制底所以存在，古書上倒給了我們許多的材料。卽就在古書上所說的爲什麼而發生婚制底理由，全算是唯智底解釋，雖不能認爲婚制底眞正起因，卻很可作爲他們維持婚制底根據。換句話說：這些古書都是有了婚制以後的東西，著書的人本來對婚制底起源就是用主觀去解釋，我們要是認他是客觀底描寫，便爲古人所騙了。

最可怪處，一般人不明白這個理由，非特從秦以前的書籍上來考究婚制起源底緣由，甚或從秦以後的書籍上來斷定婚制開始底時代。常常根據著史記補三皇本紀，新語道基篇，淮南子覽冥訓及齊俗訓，白虎通號篇通鑑外紀路史…等書，大談黃帝通婚姻，伏羲正嫁娶，你有所本，我有所宗，彷彿眞是這樣似的（註一）。其實著者已互異其詞各自揣測，我們又何能取爲證據？況且伏羲黃帝這些人究竟有沒有，尙是一個問題，前提已然不必可靠，附屬於前提底話，還能站得住嗎？卽退一步說，如爲什麼發生出婚制，也只能認爲是秦以後對婚制底所以維持，更不能認爲是古代維持婚制底緣由。所以我們寧可使我們底材料不豐富，絕不願把張三帽子給李四戴上，落得一場笑話！

總而言之：我們泛論中國古代底婚制，現時絕難提及婚制的起源，而只能研究他們爲什麼要維持婚姻制度，怎麼樣來維持婚姻制度，據實說來，不外當時對於婚姻底觀察了。如今再分開來說：

（甲）婚姻存在底原因

婚姻制度底起源誠然不可考了，但是婚姻制度底維持卻很可說的。據我現時的考査，古代維持婚制底原由至少應有下列幾種：

（一）基於倫常底觀念。　世界上雜婚制度，是很少有的，卽就在野蠻民族裏也都反對這個，而有他們一種通行的制度。我國自亦同例，不願男女雜交，實是古代維持婚制第一個原由，所以說：

「婚姻，冠，笄；所以別男女也。」（禮記樂記）

「婚姻之禮所以明男女之別也。」(禮記經解)

換句話講，他們知道男女結合是萬世相傳底開始，但必經過婚姻底程序纔行。易歸妹彖傳上講得明白

「歸妹，天地之大義也。天地不交而萬物不興；歸妹，人之終始也。」

其他如禮記郊特牲上說：

「天地合而后萬物興焉，夫昏禮萬世之始也。」

又哀公問上說：

「孔子曰：天地不合，萬物不生；大昏萬世之嗣也。」

都著重在婚制兩字上，是他們深信婚姻是人類存在底根本，社會制度底單位了。因爲「有男女，然後有夫婦；有夫婦，然後有父子；有父子，然後有君臣；有君臣，然後有上下；有上下，然後禮義有所錯。」(周易序卦傳)那麼社會底一切組織，便打這裏建設起，而他們所主持底倫常，也就有了根據。要是沒有婚制，就如經解上所說：

「故婚姻之禮廢，則夫婦之道苦，而淫辟之罪多矣！」

再看他們理想那民智未開底時代是：

『天地開而民生之，當此之時，民知其母而不知其父。』（商君書開塞篇）

『其民聚生羣處，知母不知父，無親戚兄弟夫婦男女之別，』（呂氏春秋恃君篇）

足以證明他們認爲在野蠻底社會狀況上，就沒有婚姻制度；而民智已開底社會裏就不能不讓他存在的。

（二）基於宗法底觀念。　我國社會向爲宗法制度，在古代更其厲害。什麼『父爲長子服喪，』什麼『舅姑爲適婦大功，爲庶婦小功。但適婦不爲舅姑後者，則舅姑爲之小功。』（禮記喪服小記及註）都可證明出宗法社會底意味。所以論到婚姻底維持方面也多少受有他的影響。易經上說：

『天地絪緼，萬物化醇；男女構精，萬物化生。人承天地，施陰陽，故設嫁娶之禮者，重人倫，廣繼嗣也。』

重人倫以外，就是廣繼嗣，可知古人不特把婚姻認爲是人道之始，並且要藉這個傳他的宗，立他的後。所以郊特牲上就有話：

『玄冕齊戒，鬼神陰陽也。將以爲禱稷主（婚禮將以主社稷之祭祀）爲先祖後（承先祖之宗廟）而可以不致敬乎？』

那麽『婦人三月而有廟祭』和那：

『五廟之孫，祖廟未毀雖及庶人，冠取妻必告。』（禮記文王世子）

全脫不了宗法底觀念。最痛快的話就是孟子所說的：

『不孝有三，無後爲大，舜不告而娶，爲無後也，君子以爲猶告也。』（孟子離婁上）

因而『娶妻必告父母，』雖然是古代婚制上天經地義底律條，但恐『告則不得妻，』弄得祖上香烟沒有接替，罪過更是非小；於是舜既這樣娶妻，堯既這樣嫁女，而孟子爲萬章所詰問，也就這樣答覆起來了。（註二）

（三）基於經濟底觀念。 在工業未發達以前，婚制底存在，經濟也是重要原因的一種；各民族都是這樣，我國古代所以維持婚制，當然和這個原因是有關係的。原來我國古代女子雖然沒有男子做底事多，卻也擔任着一部份事業。當其在母家，就從事於此。禮記內則上說得明白：

『女子十年不出，姆（女師）教婉娩，聽從，執麻枲織紝組紃，學女事以共衣服，觀於祭祀，納酒漿，籩豆菹醢，禮相助奠。……』

周南葛覃也說：

『葛之覃兮，施於中谷，維葉莫莫，是刈是濩，爲絺爲綌，服之無斁。（治其事而不厭倦，在母家也）』

不特刈蔴織布是女子底職務，而養蠶取絲一樣是女子底工作，豳風上：

『春日載陽，有鳴倉庚，女執懿筐，遵彼微行，爰求柔桑。春日遲遲，采蘩祁祁，（蘩白蒿所以生蠶），

女心傷悲，殆及公子同歸。』（七月）

可以證明女子養蠶也是他底本來責任。衛風上：

『氓之蚩蚩，抱布（貨幣）貿絲，匪來貿絲，來即我謀。』（氓）

又可以證明取絲一事，仍不外由女子去作。那麼女子到了婆家，纔講得上婦順。原來

『婦順者，順於舅姑，和於室人，而后當於夫，以成絲麻布帛之事。』（禮記昏義）

換句話說，女子到了婆家，纔得負一部份經濟上的責任。如：

『七月鳴鵙，八月載績，載玄載黃，（染也）我朱孔陽，爲公子裳（豳風七月）

『摻摻女手，可以縫裳。』（魏風葛屨）

若是沒有一定的婚制，公子底裳也就沒人縫了。

除這些事情外，女子還負着一種責任，就是在家裏主持飲食底事情。易經上說：

「无攸遂，在中饋」

使是這個意思。鄭風上女曰雞鳴一章也說到男子在外邊「弋鳧與雁」去，打中了鳧雁回來，和其餚味的所宜，卻是其妻底事情了（註三）至若農夫耕田在野，飲食更是要妻去備辦。詩經上的證據倒是不少。如：

「以其婦子，饁彼南畝。」（小雅甫田）

「同我婦子，饁彼南畝。」（豳風七月）

（四）基於協助底觀念。 庶人方面娶妻誠然為的是經濟底關係，即就在貴族方面依據唯智底解釋，也離不開這個原則。不過庶人是著重在物質上的協助，而貴族是另在別的地方上需有斛助能了。換句話說，在經濟底觀念底根據上和協助底觀念原是一個東西，但遇貴族底婚姻，就不能用經濟底字言，因貴族不一定是靠着妻來主中饋作衣裳，而實有其他的目的。如今先就天子方面說：

天子求婚，在名義上實是以「聽天下之內治，」雖然有許多的妻妾，但都各有所掌。周禮上有話：

『王者立后，三夫人，九嬪，二十七世婦，八十一女御，以備內職焉。后正位宮闈，同體天王；夫人坐論婦禮；九嬪掌教四德；世婦主喪祭賓客；女御序於王之燕寢；頒宮分務，各有典司。』

無論事實上如何而名義上天子絕不是無所爲得娶有這些妻妾。后旣『正位宮闈，同體天王，』故后協助天子底地方也很多。所以：

『……男教不修，陽事不得，適見於天，日爲之食；婦順不修，陰事不得，適見於天，月爲之食。是故日食則天子素服而修六官之職，蕩天下之陽事；月食則后素服而修六宮之職，蕩天下之陰事。故天子之與后，猶日之與月，陰之與陽，相須而后成者也。』（禮記昏義）

史載『康后晚朝，關雎作諷；宣后宴起，姜氏請愆。』又可以見后所負底責任底一斑。這還不過是理論上后應當如是，而事實上天子親耕南郊以勸稼穡，后一樣要躬桑獻繭以勸蠶事。月令上，祭義上，孟子上都說得很詳細，揭開一看便知（註四）。爲什麼要這樣，無非是互相協助而爲治了。

說到諸侯方面，『夫人蠶於北郊』（祭統），『世婦命於奠繭』（玉藻），和后擔負底責任是相同的。而特別著重在夫人身上的，是協助諸侯奉祭祀。禮記祭統上說：

『旣內自盡，又外求助，婚禮是也。故國君取夫人之辭曰：「請君之玉女，與寡人共有敝邑，事宗廟社稷，」此求助之本也。』

那麼國君初卽位，便得『好舅甥，修婚姻，娶元妃，以奉粢盛』（左傳文二）等到要出妻底時候，依然說道，『寡君不敏，不能從而事社稷宗廟』（禮記雜記下）處處離不開宗廟祭祀底話，這固是宗法制度底影響，而夫人以協助國君爲鞏固婚姻制度的意義，更是重要的原因了。毛詩上解釋采蘩采蘋兩詩，也說女嫁於諸侯大夫，貴於能奉祭祀（註五），我們更可看出了。

要之，貴族底婚姻底存在，說到經濟方面，固然不是專恃物質上底依藉，卻仍然有所賴乎幫助。曲禮上說：

『納女於天子曰備百姓，於國君曰備酒漿，於大夫曰備掃灑。』

雖然呂氏解這是自卑之詞，然已旁證出貴族結婚仍不外是求助。

（乙）婚姻維持底方法。

古代爲什麼要維持婚姻，我們已經知道了；但怎麼樣來維持婚姻，我們還得研究一下。不過這裏所能講到的，只著重在古人實際上維持婚姻底一種概念，因爲倘要詳細說來，舉凡婚姻底儀式等等，莫不直接間接和這問題有關係，豈是這裏所能談論得及？

婚制因種種關係而由古代維持下來，是證明古代看婚制是很重要的；那麼他們第一樣就不外認個人底婚姻須有安定底性質，纔能使他們維持婚制底目的得有所達。易序卦傳

「夫婦之道，不可以不久也；故受之以恆。」

這個「恆」字就是基本上維持婚姻底東西。由這恆字又造出種種普通的話，要使婚姻走到安定的道路上去。如：

「穀則異室，死則同穴。」（王風大車）

「宜言飲酒，與子偕老。」（鄭風女曰雞鳴）

「習習谷風，以陰以雨，黽勉同心，不宜有怒。采葑采菲，無以下體，德音莫違，及爾同死。」（邶風谷風）

是男女發生了婚姻底關係，在原則方面就算成為終身底事情；男子雖然久征在外，婦人只有嘆於室，而望「征夫歸止，」其關係不能說隨便就斷絕的（註六）。所以：

「黃鳥黃鳥，無集於穀，無啄我粟，此邦之人，不我肯穀，言旋言歸，復我邦族。」（小雅黃鳥）

又

『我行其野，蔽芾其樗，婚姻之故，言就爾居，爾不我畜，復我邦家……不思舊姻，求爾新特，成不以富，亦祇以異。』（小雅我行其野）

都是表明婚姻底不長久，特用來刺宣王『不正嫁娶之數。』可見古代維持婚姻方法底綱領，不外『恆』字了。

倘再特別說到婦人方面，更重視一個『貞』字，就是說專心跟從一個丈夫底意思。如果婦人能這樣幹來，便叫做她是『貞婦。』怎見得？禮記上說：

『禮以治之，義以正之，孝子，弟弟，貞婦，皆可得而察焉。』

婦人既打算要作個貞婦，便『壹與之齊，終身不改，故夫死不嫁。』於是共姜作柏舟以自誓，就採在三百篇裏（註七）；紀叔姬因宗廟在酅而歸之，春秋上就大書而特書起來（註八）；無非要引婦女達到她底『貞』字，而『貞』字以外，那個恆字也就自然維持住了。換句話說，婦人既與這個人結婚，便不能再和他人發生關係。所以貞姜因沒有昭王底『符』，寧願葬在魚腹，不願離開漸臺（註九）；宋伯姬因『傅母不至，夜不可下堂，越義求生，不如守義而死』，就死在火裏（註十）；更是十二分地要把

『貞』字做出因而穀梁傳上說：

『婦人以貞爲行者也。伯姬之婦道盡矣。』

婦道既盡，婚姻也就鞏固了。至於其他具體維持婚姻底方法，散見以下諸章裏頭，這裏暫且不說。

【註一】(1)史記補三皇本紀：『太皞庖犧氏始制嫁娶，以儷皮爲禮。』

(2)通鑑外紀『上古男女無別。太昊始設嫁娶，以儷皮爲禮。正姓氏，通媒妁，以重人倫之本，而民始不瀆。』

(3)新語道基篇：『於是先聖仰觀天文，俯察地理，圖畫乾坤，以定人道；民始開悟，知有父子之親，夫婦之道，長幼之序。』

(4)淮南子覽冥訓：『黃帝治天下，別男女，異雌雄。』

(5)淮南子齊俗訓：『顓頊之法，婦人不避男子於路者，拂之四達之衢。由是嫁娶取儷皮之俗。』

(6)白虎通號篇『古之時未有三綱六紀，民但知其母，不知其父；臥之詓詓，行之吁吁，於是伏羲仰觀象於天，俯察法於地因夫婦，正五行，始定人道。』

(7)路史（宋羅泌撰）『太昊伏羲氏正姓氏，通媒妁以重萬民之麗。麗皮薦之以嚴其禮，示合姓之難，拼人情之不瀆。』

(8)路史『女皇氏正姓氏，職婚姻，通行媒，以重萬物之判，是曰神媒。』

(9)禮記世本及外傳『伏羲制嫁娶，以儷皮爲禮。』

【註二】孟子萬章上：『萬章問曰「詩云：「娶妻如之何？必告父母」信斯言也，宜莫如舜：舜不告而娶何也？」孟子曰「告則不得妻。男女居室，人之大倫也。如告廢人之大倫，以懟父母，是以不告也。」萬章曰「舜之不告而娶則吾既得聞命矣。帝之妻舜而不告何也？」曰「帝亦知告焉則不得妻也。」』

【註三】詩鄭風女曰雞鳴：『女曰雞鳴，士曰昧旦子興視夜明星有爛，將翺將翔，弋鳧與雁。弋言加之，與子宜之宜言飲酒與子偕老，琴瑟在御，莫不靜好。』

【註四】(1)禮記月令：『季春之月：……后妃齊戒，親東鄉躬桑，禁婦女毋觀，省婦使以勸蠶事。蠶事既登，分繭稱絲效功，以共郊廟之服，無有敢惰。孟夏之月：……蠶事畢，后妃獻繭，乃收繭稅，以桑爲均貴賤長幼如一，以給郊廟之服。」

(2)禮記祭義：「古者天子諸侯，必有公桑蠶室，近川而爲之築宮，仞有三尺，棘牆而外閉之。及大昕之朝君皮弁素積，卜三宮之夫人世婦之吉者，使入蠶於蠶室，奉種浴於川，桑於公桑風戾以食之歲既單（盡也）矣，世婦卒蠶，奉繭以示於君，遂獻繭於夫人。夫人曰：「此所以爲君服歟！」遂副褘而受之，因少牢以禮之，古之獻繭者，其率用此歟！及良日，夫人繅，三盆手，遂布於三宮婦人世婦之吉者使繅，遂朱綠之，玄黃之，以爲黼黻文章。服既成，君服以祀先王先公，敬至之也。」

(3)孟子滕文公下：「禮曰；諸侯耕助以供粢盛，夫人蠶繅以爲衣服。」

【註五】(1)詩召南采蘩：「采蘩，夫人不失職也。夫人可以奉祭祀，則不失職矣。」「於以采蘩，於沼於沚，於以用之，公侯之事。於以采蘩，於澗之中，於以用之，公侯之宮。被之僮僮，夙夜在公，被之祁祁，薄言還歸。」

(2)詩召南采蘋：「采蘋，大夫妻能循法度也。能循法度，則可以承先祖共祭祀矣。」「於以采蘋，南澗之濱，於以采藻，於彼行潦。於以盛之，維筐及筥，於以湘之，維錡及釜。於以奠之，宗室牖下，誰其尸之，有齊季女。』

【註六】（1）詩豳風東山：『我徂東山，慆慆不歸，我來自東，零雨其濛！鸛鳴於垤，婦嘆於室，灑埽穹窒，我征聿至，有敦瓜苦，烝在栗薪，自我不見，於今三年。』

（2）詩小雅杕杜：『有杕之杜，有睆其實，王事靡盬，繼嗣我日，日月陽止，女心傷止，征夫遑止。有杕之杜，其葉萋萋，王事靡盬，我心傷悲，卉木萋止，女心悲止，征夫歸止。』

【註七】詩鄘風柏舟：『柏舟，共姜自誓也。衛世子共伯早死，其妻守義，父母欲奪而嫁之，誓而弗許，故作是詩以絕之。』『汎彼柏舟，在彼中河，髧彼兩髦，實維我儀，之死矢靡他，母也天只，不諒人只。』

【註八】春秋莊公：『十有二年春王三月，紀叔姬歸於酅。』公羊傳曰：『其言歸於酅，何隱之也。何隱爾，其國亡矣，徒歸於叔爾也』宋氏注曰：『公羊謂歸於酅者，歸於其叔，叔其可歸乎？蓋紀之宗廟在焉，義當歸也。』

【註九】列女傳：『貞姜者，齊侯之女，楚昭王之夫人也。王出遊，留夫人漸臺之上而去。王聞江水大至，使使者迎夫人，忘持其符。使者至，請夫人出。夫人曰：「……使者不持符，妾不敢從使者行，」

……於是使者取符，則水大至，臺崩，夫人流而死。」

【註十】春秋襄公『三十年，……宋災，宋伯姬卒』左傳曰：『甲午，宋大災，宋伯姬卒，待姆也。君子謂宋共姬，女而不婦，女待人，婦義事也。』公羊傳曰：『秋七月叔弓如宋葬宋共姬。外夫人不書葬，此何以書？隱之也。何隱爾？宋災伯姬卒焉。其稱諡何？賢也。何賢爾？宋災伯姬存焉。有司復曰：「火至矣，請出。」伯姬曰：「不可！吾聞之也，婦人夜出不見傅母不下堂，」傅至矣，母未至也，逮乎火而死。』穀梁傳曰：『五月甲午，宋災伯姬卒，取卒之日加之災上者，見以災卒也。其見以災卒奈何？伯姬之舍失火，左右曰，「夫人少辟火乎？」伯姬曰：「婦人之義，傅母不在，宵不下堂。」左右又曰：「夫人少辟火乎？」伯姬曰「婦人之義，保母不在，宵不下堂。」遂逮乎火而死，婦人以貞爲行者也，伯姬之婦道盡矣，詳其事，賢伯姬也。』

第二章　婚姻底形式

原始婚姻成就的方法，我們是不知道；但在古代的婚制裏頭，因爲是相沿下來的，總可找出多少的痕跡，而斷定古代婚姻屬於某種形式。不過我們卻要知道研究這個問題，首須打破古人唯智地解釋婚制底範圍，應專就客觀上來考察，纔能得到確實底結果。因爲古人雖然沿用舊有的制度，總顧想出很好底字言，牽強附會地去維持他，而婚姻固有底形式，也就隱藏在裏面了。那麼我們便得把附寄在婚制外面底各種議論，全給他除掉，這赤裸裸地婚姻底形式，或者容易出現在我們眼前。

要知道古代婚姻是屬於那一種形式，先要知道他是不屬於那一種形式。自然了，我們考察古代婚制，這一家底女子嫁與那一家底男子；而同時這一家底男子不見得必須就娶那一家底女子；可知他們絕非是採用『交換』底形式。再說這時候婚姻成就，總得經過種種沒道理底程序，而婚嫁者自身甚或不能置議。更不能認爲是出於『承認』底方法。至於『服役』底形式，在古代娶妻都住在夫家，夫爲妻家服役的事，尤爲不可有，即在事實上偶爾發現這樣事情，也是因別種形式連帶而生，不能認爲是獨立存在的。

不過有人卻說中國古代昏姻是出於『掠奪』底形式。怎見得？男子娶妻底時候一定要親迎，這親迎就是男子往搶女子底遺意。女子出嫁，母家有送者，這送者就是女子被搶後母家往追底遺意。而稱之爲昏，就是黃昏往搶底遺意。我以爲這實是附會的解說。親迎不過後來纔發生底一種儀式，古書上載得明明白白地，何可認爲傳來底痕跡？母家送女，也是人情上的常事，豈僅僅由於『追』

而纔『送』嗎?搶掠什麼時候都可行,怎見得就限定在黃昏時候呢?況且依普通的道理說,由『掠奪』底方法成就婚姻,全靠着武力;但靠武力作事,祗是一時的現象,萬不能成爲風俗。那麼果係古代婚姻,由『掠奪』底方法變化出,恐怕這時候婚姻依然是不安定,社會底組織根本上也就不能成立了。

所以我就大膽斷定古代婚姻是『購買』底形式,如今更分成兩段,寫在下面:

(甲)實質方面

何以見古代婚姻是購買底形式?我們從曲禮上『買妾不知其姓則卜之』一句話裏,便可斷定婚姻裏的一部份是出於購買無疑。但這只限於妾底方面,而妾底作成也不見都是由着這種直接的購買法子來的;那麼說到正式的婚制,我們還得更找證據。

我們談起古代的婚姻,總有個『儷皮爲禮』底觀念在心目裏。『儷皮爲禮』由何人作成,古人各有說法,我們固然不能採用;但他們都這樣說,我們便可想見拿儷皮作婚姻底結合,實是從原始傳來底方法。說到這裏我最佩服後來淮南子上有句話:『由是嫁娶取儷皮之俗』是表明儷皮通婚早已成俗,不過由聖人取而制禮法罷了。那麼用儷皮底意思是什麼?古初既沒有貨幣,這實是唯一購買底代價，所以用儷皮通婚，就成爲風俗，大概因爲沒有儷皮，就短少了購買底代價，這東西便買不回來，婚姻還能成功嗎？

傳到周底時候，那『納幣』底事情，就是這個遺意，不過他們爲着名義上好聽，打起官話，就叫做『納徵』了（註十一）。所以『納徵』一禮，實在是婚姻成就底樞紐，而且也是購買方法底實行，後人把他稱爲『過定，』這話眞是有點道理。

婚姻旣是一種購買底形式，從天子到庶人便都不能免去『納幣』底事情，特因各人身分不同，幣底輕重有所不同而已。周禮上有話：

『春官大宗伯之職：……典瑞，穀圭，以和難，以聘女。』

『冬官玉人之事：……穀圭七寸，天子以聘女。』

天子用穀圭聘女，確是主要底條件，倒不必問他是加於『玄纁』以外，或沒有『玄纁』的（註十二）。說到諸侯方面，如春秋上：

『成公八年，夏，宋公使公孫壽來納幣。』

『莊公二十二年，冬，公如齊納幣。』

足見諸侯娶妻依然要『納幣』而傳更說『納幣』是常事。其幣亦見之於周禮。所謂

『冬官玉人之事：……大璋亦如之，諸侯以聘女。』

至在士底方面，更有顯然證據。如：

『納徵，玄纁，束帛，儷皮，如納吉禮。』

『某有先人之禮，儷皮束帛，使某也請納徵。』

都在儀禮士婚禮上說得明明白白地。不特貴族階級是這樣，庶人也一樣。周禮上說：

『凡嫁子娶妻入幣純帛，無過五兩。』

又禮記雜記上說：

『納幣一束，束五兩兩五尋』

可以想見庶人同是不能無幣而得妻的了。那麼無論是天子，是庶人，只要娶妻，就得經過購買底方並，法沒有分別的。

但是有人卻說：『納幣』是表敬意錯了表敬意有的是『摯』如士昏禮：

『昏禮，……納采用鴈……賓執鴈請問名。……納吉用鴈如納采禮。……納徵……請期用鴈。

……如納徵禮。……期初昏……賓執鴈從至於廟門。」

遺用鴈就爲的是表敬意而「納徵」所牽的東西就爲的是「納徵，」不得和「摯」相混的。不過要澈底地說起來鴈也可認爲是購買的一種「定錢，」我們從事實上不難看出這種關係。左氏傳上說：

「鄭徐吾犯之妹美，公孫楚聘之矣。公孫黑又使強委禽焉。」（昭元）

足見「委禽」是聘定底符號，所以公孫黑要和公孫楚爭婚便強來「委禽，」無非把「定錢」一交，使賣者不能反口罷了。大概最初用鴈底意思，總是這樣後來始轉其意義爲表示敬意，於是「納采，問名，納吉，請期，親迎以鴈贄」了。而後儒又曲爲解說，眞像用鴈而另有微妙底意義似的（註十三），其實仍不過購定時一種符號底痕跡是了。

關於納幣認爲是購買底程序，還有一個反證，可表明出來。這反證就是贅壻一宗事情。史記上說：「淳于髡者，齊之贅壻也。」是古代已有贅壻底風俗。按說文解釋「贅」字爲「以物質錢，」那麼贅壻實不外「家貧無有聘財，以身爲質」是了。據實說來，婚姻是成於購買方法，家裏既沒有錢，不能交出買價，祇好以身作質，代替幣物，而成就婚事。後來賈子和漢書上的「家貧子壯則出贅，」可謂一語道破。

這且不言，更有一種證據，可以認定古代底婚姻是購買底形式。曲禮上說：

『女子許嫁纓。』

纓就是一種綵纏，女子許了嫁，便把他戴上，明其有所繫底意思。這好比貨物已經爲他人買定，拿纓標識起來免得他人再來要買。所以到成婚後，

『主人(壻)入，親脫婦之纓。』(儀禮士昏禮)

纔把纓取去了。因爲物已歸於原主底手中，再犯不着用纓來標識了。

那麼古代底婚姻，由購買底方法作成、大概是沒有錯的。不過說到程序方面，納幣總算是很主要的；但他也可說是購買方法底實現，所以我就在本段詳細討論了。至於其他事情和購買有關係的，都放在下段敍述。

(乙) 程序方面

因爲婚姻出於購買底關係，除納幣外當然就有兩件事情隨同他存在起來；這兩件事情可以說是達到購買底形式必須經過底程序。那兩件事情：就是普通所說的『父母之命，媒妁之言』了。

婚姻雖成於購買，但自己絕對不會賣買自己的，總必有主持這事底人，就是父母了。所以詩齊風南山上說：

『蓺麻如之何？衡從其畝；取妻如之何？必告父母。』

若是不告父母，就是大不道德，便落得人說：

『乃如之人也，懷婚姻也，大無信也，不知命也。（不待父母之命也）』（鄘風蝃蝀）

因而舜不告而娶，萬章便疑惑起來了。

但是有人就說，婚姻必待父母之命，實在是家族制度底結果，試看那公羊傳上說『昏禮不稱主人，……稱諸父母師友，』便可明白是另有用意了。我也承認這是一種理由。不過在這理由以外，不能說『父母之命』和購買沒有關係。在娶親方面誠然可說是完全出於家族制度底結果，家長要給兒子定婚，是維持他底權威；但在嫁女方面，家長要維持他底權威，女子可就變爲物品，任家長處分了。這麼一來，並且可說因爲有家長存在。這購買底形式鞏固地纔越厲害。論語上載着孔子把自己底女兒嫁與公冶長，把他哥哥底女兒嫁與南容（註十四），及何嘗不是憑着家長底權威，自作主張，把女兒和姪女兒當物件地底處分了呢？不過用唯智底說法，他卻認爲是父母應有底責任，絕對不承認是沿用購買方法底餘意的。

父母是主持購買事情底人，但他仍卻不能自找物品或顧主，這其間必定有個拉縴的，就是所叫做媒妁的了。固然說在『承認』形式底婚姻中不能沒有媒妁的存在底餘地，不過這卻是偶然的，並非必然的，唯在古代，媒妁簡直成爲婚姻不可缺少底東西，好比賣買物件，總得有拉縴的，纔能成功，這確是『購買』形式的特色。

可是這話又說回來了，媒妁誠然是具着拉縴人底資格，但古人因男女遠嫌底觀念，更把媒妁利用爲介紹男女發生關係底媒介，反倒覺得離了他便算違背禮法，而他又一變而成爲當然存在底一種東西。請看：

『男女非有行媒，不相知名。』（禮記曲禮上）

『男女無媒不交』（禮記坊記）

都是表明媒妁是介紹男女相知名相交底工具。所以詩齊風南山說：

『析薪如之何？匪斧不克；取妻如之何？匪媒不得。』

是娶妻用媒，居然成爲應當這樣了。戰國策燕策上也說：

『處女無媒，老且不嫁。舍媒而自衒，弊而不售。』

是出嫁也以媒妁爲當然應有了。倘若不用媒妁而自媒起來，便落得人家恥笑，甚或疑爲不貞。原來

『婦人之求夫家也，必用媒而後家事成；求夫家而不用媒，則醜恥而人不信也。故曰「自媒之女，醜而不信。」』（管子）

所以聲伯之母不聘（無媒禮），生聲伯，便被出了（左傳成十一），就是不因媒而婚，這婚姻便不確定了。那麼女既因媒纔嫁，無怪於詩經氓章上說：

『匪我愆期，子無良媒。』

她因爲沒有媒，就不怕愆期了。後來劉熙釋名上說：『壻之父曰姻。姻，因也；女往因媒也。』無非發揮這個意思。但女雖『因媒而嫁，』卻不『因媒而成』（淮南子說山訓。）召南行露章說得明白：

『誰謂雀無角？何以穿我屋？誰謂汝無家？何以速我獄？雖速我獄，室家不足！』

鄭玄箋謂：『室家不足，謂媒妁之言不和，方禮之來，彊委之。』那麼雖有媒妁而言不和，一樣是不能成就婚姻的。

總而言之，當代把父母之命，媒妁之言，從唯智方面解釋起來，認爲是成就婚禮底當然事情。殊

不知從客觀方面看來，確是與購買底形式有密切關係，我倒是這樣武斷的。

【註十一】(1)禮記昏義疏『納徵，納聘財也。春秋謂之納幣，其則緇帛五兩。』

(2)禮記雜記疏『納幣，以物言也；納徵，以義言也。』

(3)儀禮昏禮注『徵，成也。使使者納幣以成昏禮。』

【註十二】周禮春官大宗伯鄭鍔註『婚禮有六其五用鴈，獨納徵不用鴈，以其束帛可執，故納幣用玄纁，天子加以穀圭，』

【註十三】(1)後儒謂『用鴈者取其隨時南北，不失其節，明不奪女子之時也。』

(2)又謂『取飛成行止成列也。明嫁娶之禮長幼有序，不相踰越也。』

【註十四】論語公冶長章『子謂公冶長可妻也，雖在縲絏之中，非其罪也。以其子妻之。』

又：『子謂南容邦有道不廢，邦無道免於刑戮，以其兄之子妻之。』

第三章　婚姻底制限

人類對於婚姻不特不主張雜婚，並且在非雜婚裏頭，還有一種制限；而處於古代的時候，這種制限更是嚴厲，甚或因政治上地位底關係而又有所不同了。

普通談論起婚姻底制限總要提起『內婚』與『外婚』底名辭。其實內婚外婚全是同種的東西，只看我們是怎麽觀察而決定。從廣的地方面看認這婚姻是內婚，從狹的方面看又認他是外婚了。比方夏禹娶於塗山（書經），晉獻娶於諸戎（春秋）（註十五）都是和夷狄結婚，可說已實行外婚制了。其非和夷狄結婚底婚姻總算是內婚。然由一族一邦底範圍裏觀察起來，廣義底內婚，又有內婚與外婚底判別，這就沒有一定的標準，惟有讓各人自己找出標準來批評罷了。所以我討論古代婚制，就不能泛說他是內婚制，是外婚制，只有依着特別情形而定了。

（甲）特別方面的制限

特別方面的制限，不外因政治上的地位不同而發生出的結果了，如今：

（一）先就天子方面看來。和夷狄通婚底外婚制，依據夏禹晉獻兩例，可知在古代並非絕對的限制。不過天子雖然偶爾娶異族底女，卻不見得就嫁女於異族，而且古代認天子是天下底主人，其他異族不問通王化不通王化，原則上總都算是『王臣』，所以天子底婚姻可說是內婚制。那麽天子行的內婚制，自然是以所謂『王土』底範圍爲標準和祕魯埃及等國底各皇族自相嫁娶是不同的。天子所娶禮論上倒不必一定限於諸侯底女，可是事實上卻常常不離這樣。最古如帝相娶於有仍等等都不必說。據春秋左傳所載的有：

『桓公八年，……祭公來遂逆王后於紀。』（經）

『莊公十八年，……虢公，晉侯，鄭伯，使原莊公逆王后於陳陳嬀歸於京師，實惠后。』（傳）

可以證明天子娶於諸侯底女，確是通常的事情。至說到天子嫁女一層，也是同樣地嫁與國內的臣民。經書上倒可找出許多證據。如：

『釐降二女於嬀汭，嬪於虞』（書堯典）

『六五帝乙歸妹以祉元吉』（易泰卦）

『何彼穠矣，唐棣之華曷不肅雝，王姬之車。何彼穠矣，華如桃李，平王之孫，齊侯之子。其釣維何？維孫伊緡；齊侯之子，平王之孫。』（詩召南何彼穠矣）

『莊公元年，……王姬歸於齊』（春秋）

王室底女子，終不外乎下嫁，實在算是一種內婚制，因爲我們要從所謂『王土』底觀念上看來，就不能不這樣說的。

(二)再就諸侯方面看來，卻和天子很是相反。天子行的是內婚制，諸侯卻一半行的是外婚制，因爲諸侯在自己國境內不獨有娶底事情，就是說臣民只是他的臣民，不能讓臣民給他作起老丈人來的，要是娶了本國卿士底女便算是『下漁色，』是萬分不應該的。禮記坊記上說：

『諸侯不下漁色，故君子遠色以爲民紀。』

這大概因諸侯娶於國中便失去他的尊嚴，況且異國林立，儘可外婚，不像天子爲天下主，不能娶在天下以外去，只有內婚了。所以宋君內娶，公羊傳便譏『宋三世無大夫』（僖二十五）。後來白虎通更大發揮其意思（注十六）。可見諸侯絕對是不得內娶。雜記疏上也說：『諸侯不內娶，故舅女及從母，不得在國中』也算是一個旁證。

(三)更就大夫方面看來，又和諸侯不同了。他們是只許內婚而不許外婚的。雜記疏上也曾追述過『古者大夫不外娶，故君之姑姊妹嫁於國內大夫爲妻，是其正也，』大夫禁止外婚底用意，不外後來董仲舒所說的『大夫無束修之餽，無諸侯之交。』這個原因所以

『莊公二十七年，莒慶來逆叔姬。』

春秋大書而特書，以彰其非。到魯宣公時，齊侯止公爲高固求婚，魯人以爲大辱，並視諸侯如與他國

大夫通婚，爲不正當底事情。而大夫越境娶女，依然不敢明目張膽去，故大都借着『聘』底名義，順便料理了他的婚姻事。如僖公五年，公孫茲如牟，及宣公五年，齊高固來逆子叔姬，都是以『聘』而來，因自爲逆，就因爲沒有君命照例是不能越境的（春秋杜預注）。

（乙）普通方面的制限

普通方面的制限，是指着婚姻上的一般制限，不因政治上的身分而有差異起來。最重要的約有四種：

（一）近親不婚。　自然了，雜婚不許成立爲制度，近親又焉能互相爲婚姻呢？並且由婚制更進而建立家族底基礎，『異姓主名』實是必要的事情，越是不能雜亂地交合起來了。關於這端，我們在歷史上雖然不能盡行得到正面的禁辭，可是在變態底事實中倒能找出許多反證。無妨述在下面：

（1）母子不能通婚。　禮記上曾說及：

『夫惟禽獸無禮，故父子聚麀。』

聚麀這件事情，實在是大犯禮法，所以子淫乎母，便叫做『烝』。左傳上：

『衛宣公烝於夷姜。』（桓十六）

『昭伯烝於宣姜。』（閔二）固不問其母爲眞母假母，只要具母底資格，兒子絕對不能與之通婚。因而公子頑通乎君母，便有牆有茨與鶉之奔奔兩章詩來攻擊了（註十七）。

（2）兄妹不能通婚。　兄妹出於同源，當然不能通婚；偏有個齊襄公要學『鳥獸之行，淫乎其妹，』便惹得春秋反複地書其入齊會齊侯，而南山與敝笱等詩也就被孔子存而不刪（註十八）。可以想見其破壞制度太甚了！

（3）翁媳不能通婚。　實際上翁媳不能結婚，我們已可想像得出！即就名義上是翁媳，而尙未適於其子，翁在這時也不能擁媳而有之，何以見是這樣？毛詩邶風新臺序上說：『新臺，刺衞宣公也。納伋之妻，作新臺於河上而要之。國人惡之而作是詩也。』是新臺一詩，就爲的不滿意這樣的結婚，而發出底感歎語（註十九）。宣公可說是給了我們研究古代婚制一個好材料啊！

以上諸種是能在古書上找得出的，所以我就隨便寫出來。反正近親無論如何，絕對不能通婚，可作爲一種斷語。換句話說：不管是眞有骨肉底關係，或只是名義底關係，一個家庭內總不能使女子不嫁於外，並嫁入底女子而有二夫的。其理由我們都可猜得出，不過古人沒有直接說出，我在這裏就從畧罷。

(二)同姓不婚　同姓不婚是在周朝纔看得很重要，周以前只要近宗不婚，遠宗倒不管了，據說堯和舜都是黃帝底子孫，而堯偏嫁女於舜，也不見得人說他不對（註二十），很可以窺得一斑。況且『殷人五世以後可以通婚，』孔穎達曾經明白說過，按照各方面的旁證，大概總不至於錯誤。但最足以作這裏的證據的，還要算禮記大傳上的：

『雖百世，婚姻不得通，周道然也』

既然特別提出周道兩字，可知周以前便不一定在內了。

那麼同姓不婚實是周朝一代婚制上頂厲害的限制。禮記曲禮上說：

『娶妻不娶同姓，買妾不知其姓則卜之。』

簡直變成通常的禮法。所以

『慶舍之士謂盧蒲癸曰』『男女辨姓』（左傳襄二十八）

要是不辨姓，『同人於宗』便成『吝』道（註二十一），無怪乎晉將嫁女於吳為同姓，左氏要補書其事；魯昭公娶於吳為同姓，春秋諱娶同姓而稱孟子（註二十二），陳司敗因昭公娶於同姓，直然稱他道『君而知禮，孰不知禮？』（論語。）是同姓不婚，差不多像天經地義了。但是爲什麼一定要有這樣限制呢？其基礎底觀念不外：

（1）宗族底觀念說。 我國古代既然深處在宗法制度底社會裏，那麼事事當然與他直接間接總都發生出連帶的關係。同姓不婚這個觀念也是一樣地受有他的支配。如今抄出禮記大傳（孔子家語上同）上一大段話，作個證據。

『同姓從宗，合族屬；異姓主名，治際會名著而男女有別。四世而緦，服之窮也，五世而袒免，殺同姓也，六世統屬竭矣。其庶姓別於上，而戚單於下，婚姻可以通乎？繫之以姓而弗別，綴之以食而弗殊，雖百世而婚姻不通，周道然也。』

所以六世統屬雖竭，若照殷制便可通婚姻，周道重視宗族過甚，只要姓同，一百世也是不能通婚的。

（2）生理底觀念說。 這種觀念實在是限制同姓結婚底最大理由，即就在現時更是有存在底價值。蓋自生物學發明了，都知道自花受粉，絕對結不出好種子來；人既不能外乎生物，當然不能自己和同家的人結起婚來。古人雖不知生物學，而實有這個意思。詩經注上說得有：

『振振公姓，天地之化，專則不生，兩則生。』

這就是白虎通上所謂：『不娶同姓者何法？法五行，異類乃相生也』底意思。那麼異類纔能相生，娶同姓便要落得個不殖。於是：

鄭叔詹曰：『男女同姓，其生不繁。』（左傳僖二十三）

公孫僑曰『僑聞之內官不及同姓，其生不殖，美先盡矣，則相生疾，君子是以惡之。故志曰：「買妾不知其姓則卜之」違此二者古之所愼也。男女辨姓，禮之大司也，今君內實有四姬焉，其無乃是也乎？』（左傳昭元）

『同姓不昏懼不殖也。』（國語晉語）

『氣同則不繼。』（國語鄭語）

不過要明白古代所叫做的同姓，都是有宗可考，不像後世無宗可考而有的同姓，那麼血統相差既不很遠，通起婚來，當然影響於生殖，若後世底同姓不宗地的也要這樣做，卻又未免泥古！

（3）倫常底觀念說。 這種觀念是認定同姓結婚難以遠男女底嫌，所以就得限制起來。禮記郊特牲上說：

『取於異姓，所以附遠厚別也。』

又坊記上說：

『取妻不取同姓，以厚別也。』

這又是白虎通上『不娶同姓者重人倫，防淫佚，恥與禽獸同也』底意思。而他裏頭的姓名篇上，更把這層意思發揮得很盡致，特抄到這裏以代我要說的話：『人所以有姓者何？所以崇恩愛，厚親親，遠禽獸，別婚姻也。故紀世別類，使生相愛，死相哀，同姓不得相聚，爲重人倫也。』

（4）利害底觀念說。更有一種說法，認同姓結婚必然沒有好結果，所謂災禍亂殃都要因是而起。這實是戰國時候一般人的觀念。因爲其時利害底觀念感人最深，所以就影響到這一端。國語上有一段話是：

『司空季子曰「……異姓則異德，異德則異類，異類雖近，男女相及，以生民也。同姓則同德，同德則同心，同心則同志，同志雖遠，男女不相及，畏黷故也。黷則生怨，怨亂毓災，災毓滅性，是故取妻避其同姓，畏災亂也。」』

『畏災亂也』一句話實在可作爲這種觀念底代表語。可以看出這不過是戰國策士底操論，和以前三個觀念是有分別的。

(三)母黨不婚　近親不婚，同姓不婚，我們是知道了；卽在外屬小功以上，也是不得通婚，如春秋傳說：

『譏娶母黨也。』

就是因爲打破這種例子，而纔遭人譏議起來。

(四)仇讎不婚　古人認『父兄之讎，不共戴於天地。』那麼仇讎當然不應通婚的。所以春秋上莊公二十四年丁丑，夫人入，穀梁氏便傳道：

『入者，內弗受也。日入，惡入者也。何用不受也？以宗廟弗受也。其以宗廟弗受何也？娶仇人子弟，以薦舍於前，其義不可受也。』

慢說仇讎不能通婚，卽就『交婚』也是要斷絕的。這層可從周代魯有主婚底事情上看出。原來魯國常常爲周天子主婚，無論迎王后，嫁王姬，都是拿魯國底名義去幹起來。那麼魯國倘與對方的國家有仇讎未解，照例也是不能主婚，便是所叫做的仇讎不交婚姻了。所以魯桓公因夫人姜氏被齊襄公使公子彭生把他刺了，魯國對齊實不能同於天地；而莊公元年夏，周天子偏命單伯送王姬，使魯主婚，王姬因歸於齊。孔子認以爲事之變，公然存在春秋上，無非因仇讎不能交婚姻底緣故了。穀梁氏說：

『其不言如何也？其義不可受於京師也。其義不受於京師何也？曰躬君弒於齊，使之主婚姻，與齊為禮，其義固不可受也。』

是周天子命魯主婚，已是一層錯誤。而魯居然受之，又是一層錯誤，可知其限制底厲害了。

【註十五】(1)書益稷：『予創若時娶於塗山。』

(2)春秋左傳：『晉獻公娶於賈，無子。烝於齊姜，生秦穆夫人及太子申生。又娶二女於戎，大戎狐姬生重耳，小戎子生夷吾。晉伐驪戎，驪戎男女以驪姬歸，生奚齊，其娣生卓子。』(莊二十八)

【註十六】(1)春秋公羊傳：『宋殺其大夫，何以不名？宋三世無大夫，三世內娶也。』(僖二十五)

(2)白虎通『諸侯所不得自娶國中何？諸侯專封，義不可臣其父母。春秋傳曰：「宋三世無大夫」，惡其內娶也。』

【註十七】(1)詩鄘風牆有茨章序曰：『牆有茨，衛人刺其上也。公子頑通乎君母，國人疾之而不可道也。』文曰『牆有茨，不可埽也；中冓之言，不可道也；所可道也，言之醜也。牆有茨，不可襄也；中冓之言不可詳也所可詳也言之長也。牆有茨，不可束也中冓之言，不可讀也所可讀也言之辱也。』

(2)詩鄘風鶉之奔奔章。：序曰：『鶉之奔奔，刺衛宣姜也。衛人以爲宣姜鶉鵲之不若也。』文曰『鶉之奔奔，鵲之彊彊；人之無良，我以爲兄。鵲之彊彊，鶉之奔奔；人之無良，我以爲君。』

【註十八】(1)詩齊風南山章。：序曰『南山，刺襄公也。鳥獸之行，淫乎其妹大夫遇是惡作詩而去之。』文曰『南山崔崔，雄狐綏綏；魯道有蕩，齊子由歸既曰歸止，曷又懷止。葛屨五兩，冠緌雙止魯道有蕩，齊子庸止；既曰庸止，曷又從止。』

(2)詩齊風敝笱章。：序曰『敝笱刺文姜也。齊人惡魯桓公微弱，不能防閑文姜，使至淫亂，爲二國患焉。』文曰『敝笱在梁，其魚魴鰥，齊子歸止，其從如雲。敝笱在梁，其魚魴鱮；齊子歸止，其從如雨。敝笱在梁，其魚唯唯；齊子歸止，其從如水。』

【註十九】詩邶風新臺章。：序曰『新臺，刺衛宣公也。納伋之妻，作新臺於河上而要之。國人惡之，而作是詩也。』文曰；『新臺有泚，河水瀰瀰；燕婉之求，籧篨不鮮。新臺有酒，河水浼浼；燕婉之求，籧篨不殄。魚網之設，鴻則離之；燕婉之求，得此戚施。』

【註二十】陳祥道曰：『舜娶於堯而君子不以爲非禮，昭公娶於吳而君子以爲不知禮，其時之文質不同也。』

【註二十一】通典同姓昏議：『易曰「同人於宗，吝，」言同姓相娶，吝道也，即犯誅絕之罪，言五屬之內，禽獸行，乃當絕。』

【註二十二】春秋經曰：『哀公十有二年夏五月甲辰，孟子卒。』左傳曰：『夏五月，昭夫人孟子卒。昭公娶於吳，故不書姓。死不赴，故不稱夫人；不反哭，故言不葬小君。』公羊傳曰：『夏五月甲辰，孟子卒。孟子者何。昭公夫人也？其稱孟子何？諱娶同姓。蓋吳女也，』穀梁傳曰：『夏五月甲辰孟子卒，孟子者何也？昭公夫人也。其不言夫人者何也？諱娶同姓也。』

（2）論語述而章：『君娶於吳爲同姓，謂之吳孟子，君而知禮，孰不知禮。』

第四章 婚姻底停止

我們知道古代對於婚姻有種種的限制，在這限制底範圍裏，無論如何是沒有通婚底希望的。但同時又有一種情形，雖然不屬於限制底條件，而在實際上婚姻卻同樣地不能相通，甚或已經通了。又因他種緣故反中道斷絕婚姻的關係這可說是婚姻底停止了。換句話說，婚姻底限制是絕對地不能有通婚底事情，婚姻底停止是相對地不發生或不維持通婚底事情確是有分別的。婚姻底停止因時間的不同，又分有：

（甲）在婚前的停止。

什麼算是婚前停止？就是尚未發生婚姻關係，因有他故停止了婚姻底發生的；或者當有婚姻正在進行的中間。男女還沒有交接忽然打斷了婚姻底進行，也都屬於這一種。要具體說明出來，就是：

（一）不嫁　女子不願從人，始終要遵守一個『貞』字，便大阻止婚姻底進行。幸而這祇限於特殊的風俗，並非普通的制度，不然都當『貞女』漢族也就不能存到今日了。這種風俗是戰國時候齊最盛行的。漢書地理志曾說：

『齊有巫兒皆不嫁』

而戰國策齊策也說：

『北宮之女嬰兒子，撤其環瑱，至老不嫁，以養父母。』

這都是出於自己底主見，卻不是受制度底暗示，祇好認爲現象中的婚姻停止，而非制度中的婚姻停止了。在現象中尚有一種不嫁妨及婚姻底進行，這不嫁並不是女子底『設爲不嫁』乃『嫁而不售』也是在齊國可找出這樣的例子來。列女傳上說：

『鍾離春者，齊無鹽邑之女，宣王之正后也。其爲人極醜無雙，臼頭深目，長指大節，卬鼻結喉，肥項少髮，折腰出胸，皮膚若漆。年四十，無所容入，衒嫁不售，流棄莫執。』

是因爲貌醜而不得嫁，遇見這地方底人都好色，貌醜女子大都不能享婚姻上的快樂，恐怕也不僅她了。但是在普通不嫁底女子裏，也未見得都是貞女，不過不嫁其名，事實上又何嘗非不嫁？戰國策齊策說：

『齊人見田駢曰：「聞先生高議，設爲不宦，臣都人之女，設爲不嫁，行年三十而有七子，不嫁則不嫁，然嫁事過畢矣。」』

齊人的話，雖係設喻，但社會總有這種情形。其辦法特是女子要圖自由，不願給自己固定唯一地私有丈夫，抱定『人皆可夫』底主見，雖說不嫁，比嫁還要厲害，絲毫不能妨及婚姻底進行，不過和婚姻底安定有所不利罷了。

頂足以妨及婚姻底關係底發生的，惟有『處女無媒，老且不嫁』底不嫁，和『夫死不嫁』底不嫁。原來媒妁之言是代通婚中的主要條件，若因無媒而不嫁，無論事實上，名義上也就不嫁了。再說女子如要講起貞來，夫死不再出嫁，祇知守節，旁人無論如何，依然沒有法子和他通婚；這時候婚姻只丟下『停止』一途，別無他法可想的。寡婦既有不願意再嫁的，知禮底人也就不強求他再嫁，所以和寡婦底兒子相交，非有見於其子底才能，更不能無故認爲朋友，就是怕人疑爲和寡婦有了婚姻底關係（曲禮），可見因『夫死不嫁』底不嫁，來停止了婚姻，纔算制度中婚姻停止了。

（二）値喪　遇見喪事發生，婚姻底進行更是大受其影響。而特別注重的就是『三年之喪』，魯僖公死後沒有滿二十五個月，文公就遣公子遂入齊納幣，左氏雖釋爲人君初卽位，娶元妃以奉粢盛。而公羊氏卻認爲『譏喪娶』，所以說：

『納幣不書，此何以書？譏，何譏爾？譏喪娶也。娶在三年之外，則何譏乎？喪娶三年之內不圖婚，吉禘於莊公譏。』

可知初卽位取元妃一事，亦必在喪服滿了以後，絕不便値喪而娶婦的。

慢說娶婦，就是嫁女也覺不能。左傳上有一段事情是：

「齊侯使晏子請繼室於晉。……叔向對曰「寡君之願也，……縗絰之中，是以未敢請。」（昭三）

因爲其時晉侯正有少姜底喪，所以就不能應齊侯底命，縱然認就是遁辭，但不遁於他，獨遁於此，可知値有縗麻之喪，不能嫁女，確是一種通例了。

這還不算，更甚而至於連婚姻中底間接關係，也是不能發生。例如魯莊公卽位，正是有桓公底喪，周天子偏命魯主王姬底婚姻，而魯受之，雖然說天子是嫁王姬，齊是娶王姬，魯不過作個主婚人，但因其有喪服，便遭儒家底攻擊。穀梁氏說：

「仇讎之人，非所以接昏姻也；衰麻非所以接弁冕也，其不言齊侯之來逆何也？不使齊侯乃與吾爲禮也。」

雖然說著重在仇讎不交婚姻，而衰麻不言婚事底意思，也可以看出來了。

處在衰麻底喪服中，所有婚姻底關係，概行停止，有如上述。這裏再要說的，就是婚姻正在進行中，忽然發生三年之喪，當時是怎樣對付呢？依然是停止婚姻底進行，不過因進行程序底深淺，而停止底結果也就有異了。

大抵已經納幣，尚未迎娶，無論男子方面或女子方面，遇有三年之喪，經過一種儀式後，男子底這段婚姻，就算斷絕，一方守其三年之喪，一方雖經過三年後，仍是另自與他人通起婚來。若親迎女在塗，壻底父母或女底父母死，並女不在塗，而值齊衰之喪，婚禮都要暫且停止，但服除了，這種儀禮也是不再來舉行的。所以這種停止只是一時的停止，而非永久的停止；只是婚禮底停止，而非通婚底停止。這不是我信口開河，禮記曾子問上說得很詳細，不用我再逐條來敘述了（註二十三）。

不過值喪底時候，卻不見得普遍地都讓婚姻底進行有所停止起來。即如禮記雜記上所說：

「大功之末，可以冠子，可以嫁子。父小功之末，可以冠子，可以嫁子，可以取婦。已雖小功，卒哭，可以冠，取妻；下殤之小功則不可。」

無論後儒怎樣解釋這話，而婚姻底停止，絕不是遇喪即然，由此便可看出。至於小功緦服不廢婚禮，更是當然，無容多說。

（乙）在婚後的停止

什麼叫做婚後的停止呢？就是男女已處在婚姻狀態裏頭，忽然因為別的緣故，使婚姻從中道而失其效力是的。但須知道死亡固亦婚後停止婚姻底一種原因，卻由於是古今中外底通例，只算當然底事情，便不說在這裏。這裏要說的就是：

（一）出妻　男子因種種不滿意於妻子，把他送歸母家，使婚姻關係打這永久停止，便叫做出妻。不過在貴族方面打起官話卻不直稱爲出，於是自稱其姊妹被出爲來歸，稱他人底姊妹被出爲大歸。如春秋上：

『夫人姜氏歸於齊』左氏曰：『大歸也』（文十八）

『秋，郯伯姬來歸』左氏曰：『出也』（宣十六）

『春王正月，杞叔姬來歸。』穀梁氏曰：『婦人之義，嫁曰歸；反曰來歸。』（成五）

都是記載夫人被出底事情，並沒有公然提出一個『出』字的。婦人遭『出』，大抵皆由其丈夫作主，卽不由其丈夫亦必用其丈夫底名義施行，斷沒有旁人來能代庖的。所以春秋上載：

『齊人來歸子叔姬』（文十五）

當時便皆不以爲然；因叔姬被出，並非由於其夫，乃商人既殺了叔姬底兒子舍，又把叔姬歸於魯，實在是『出』底變例，卻和這裏所說底出妻是不同的。

出妻在古代既成了常事，但必有其理由；不然，這婚姻也就不能安定了。大戴禮記本命上說：

『婦人七去：不順父母，爲其逆德也；無子，爲其絕世也；淫，爲其亂族也；妬，爲其亂家也；有惡疾，爲其不可與共粢盛也；口多言，爲其離親也；竊盜，爲其反義也。』

這七個條件大概就是出妻底原則。所以禮記內則上說：

『子甚宜其妻，父母不說，出；子不宜其妻，父母曰是善事我，子行夫婦之禮焉，沒身不衰。』

便是七出『不順父母』底條件底運用，因而父母有所悅，子雖不宜其妻，其妻也得免於出了。至若韓非子說林上篇載着一段事實是：

『衞人嫁其子而教之曰：「必私積聚，爲人婦而出常也；其成居幸也。」其子因私積聚，其姑以爲多私而出之。』

我們一看『私積聚』就是犯了七出中『竊盜』底條件，她自然是要被出的。因爲古代婦人無私產，『私積聚』古代人看起來就簡直和竊盜差不多！

婦人犯了七出底條件自然要『出』了。但更有一種相反的情形，卻絕對不能受出底處分，就是所叫做的『三不去』。什麼是『三不去』？

『……三不去者，謂有所娶無所歸；與共更三年之喪；先貧賤後富貴，』（孔子家語）

這樣一來，婚姻纔得較爲妥定；若祇消極地想免去『出』底處分，不積極地設立『不出』的條規，婚姻底安穩狀態，未免太危險了。

古代雖然因出妻底程序而停止夫妻間底婚姻關係；可是在出妻時候底命辭上，卻不像後世寫休書那種苛刻底樣子，簡直把妻子當作兒女般咒罵，好像仇敵對待似的，所以：

『傳曰：「曾子去妻，黎蒸不熟。問曰：婦有七出，不蒸亦預乎？」曰：「吾聞之也，絕交令可友，棄妻令可嫁也。黎蒸不熟而已，何問其故乎？」』

只說黎蒸不熟，不言犯何條件，實是古人底忠厚處。這個就算是個人特殊的行爲，然而雜記上所說的：

『諸侯出夫人，夫人比至於其國，以夫人之禮行，至以夫人入。使者將命曰：「寡君不敏，不能從而事社稷宗廟，使使臣某敢告於執事。」……妻出，夫使人致之曰：「某不敏，不能從而共粢盛，使某也敢告於傳者。」』

卻是普遍的規則。非特不直說其妻底罪過，反自稱爲不敏，婚姻雖永久停止，卻不因是變爲仇敵的。出妻底結果就是永久停止夫妻底婚姻關係，所謂永久停止無非斷絕罷了。關於這端，我們可從代表婚姻底服制上看得出；大抵婚姻關係一經永久停止，服制便大有變更，甚或沒有了。例如：

『爲父後者爲出母無服』（喪服小記）

『婦當喪（舅姑之喪）而出則除之』（喪服小記）

又如：

『出妻之子爲母期』（儀禮）

都可看出他們從服制上表示出婚姻底有無關係，子爲母本來服三年之喪，因其爲父出，婚姻關係斷絕，便變成期，所以伯魚過期猶哭其出母，孔子就不以爲然（註二十四）。到了子上其出母死，子思便不使喪之（註二十五）。而如小記所云父役者更對出母無服了。其他如：

『妾從女君而出則不爲女君之子服』（喪服小記）

是『女君犯七出，則此姪娣——妾——亦從之。出子死，則母自服其子，姪娣不服，義絕也。』（註）無非因婚姻斷絕纔把服制打消過去是了。

婦人被出以後，婚姻關係完全斷絕，無論如何是不能再歸夫家的。所以宋桓公夫人被出於衛，到宋襄公時，夫人思宋，但義不可往，只有作河廣一詩以自慰，別無可想（註二十六）。足見成爲固定的制度了。那麽成公五年，杞伯出叔姬於魯，九年，杞伯又逆叔姬之喪以歸，實在算是『出』底結果一種變例。因而穀梁氏就說：

『夫無逆出妻之喪而爲之也』

公羊氏又歸罪於魯，便說：

『杞伯曷爲來逆叔姬之喪以歸，內辭也，脅而歸之也。』

無論如何，既出了妻，就不能再認爲有婚姻底關係，杞伯偏要破例逆出妻底喪，怪不得人要說出閒話來！

（二）相棄　夫婦因種種緣故，那彼此相棄起來，也可停止婚姻底關係。但這只屬於現象方面的東西，並非制度方面的事情。雖然說周禮上有『娶判妻……皆書之』一句話，鄭鍔註爲『民有夫妻反目至於仳離，已判而去，書之於版，記其離合之由也。』只可認爲現象發生以後底補救方法，而不能認爲『相棄』是公許底制度。果真要說『相棄』是制度，那麼，離婚底制度便不是近代的產物，並且出妻底制度也不是古代所能有了。

這且慢言；如今再說爲什麼發生夫婦相棄底現象呢？據詩序所識可以列出數種：

第一種是『淫於新婚』底相棄。如邶風裏頭谷風一章便是因爲這事而詠。所以詩序上說：

『谷風，刺夫婦失道也。衞人化其上，淫於新婚，而棄其舊室，夫妻離絕，國俗傷敗焉。』

不過這種相棄其錯究在男子方面，請看谷風裏所說：

『涇以渭濁，湜湜其沚，宴爾新婚，不我屑以。……不我能慉，反以我爲仇，既阻我德，賈用不售。……有洸有潰，既詒我肄，不念昔者，伊余來塈。』

便知女倒不想棄男而男卻棄女了。

第二種是『淫奔結果』底相棄。成婚既不以禮，只尙以色，色衰而相棄之事自生。如衞風氓底序上說：

『氓，刺時也。宣公之時，禮義消亡，淫風大行，男女無別，遂相奔誘；華落色衰，復相棄背，或乃困而自悔喪其妃耦，故序其事以風焉。』

所以詩中前數節都是敍述奔誘底興況，到後來便落得：

『女也不爽，士貳其行，士也罔極，二三其德。』

各走各底路，互相棄絕罷了。

第三種是『凶年飢饉』底相棄。我們從王風裏詩序上看見一段話是：

『中谷有蓷，閔周也。夫婦日以衰薄，凶年飢饉，室家相棄爾。』

是在凶年夫妻關係也有斷絕底可能，而其罪過，還應男子方面負着。詩中說：

『中谷有蓷，嘆其乾矣，有女仳離，嘅其嘆矣，遇人之艱難矣。』

所謂『遇人之艱難矣』『遇人之不淑矣』『何嗟及矣』都是女子底嘆聲。男子若不棄女子，女子或也不至於棄男子。

第四種是『兵革不息』底相棄。這個現象只能在鄭風上找得出。出其東門序上說：

『出其東門，閔亂也。公子互爭，兵革不息，男女相棄，民人思保其室家焉。』

所以

『出其東門，有女如雲，雖則如雲，匪我思存，縞衣綦巾，聊樂我員。』

人人皆感於棄室家底女子的多，都想保起自己底室家來，而竟不能，實是兵革不息底原因了。溱洧序上說：

『溱洧，刺亂也。兵革不息，男女相棄，淫風大行，莫之能救焉。』

所以

『溱與洧，方渙渙兮；士與女，方秉蕑兮。女曰：「觀乎？」士曰：「既且，」「且往觀乎？洧之外，洵訏且樂，」維士與女，伊其相謔，贈之以勺藥。』是在一方面看來相戲相謔，然在他方面看來，男女不以婚姻爲守，各找其情人，實在算是相棄底一種背像，這婚姻底關係也就停止起來了。

據上所觀，可知『相棄』實是一時一地的現象，而非古代通行的制度，要是制度，相棄也不見得是什麼樣地壞事了！

【註二十三】(1)禮記曾子問：『曾子問曰：「婚禮既納幣，有告曰，女之父母死，則如之何？」孔子曰：「壻使人弔。如壻之父母死，則女之家亦使人弔。父喪稱父，母喪稱母，父母不在則稱伯父世母。及已葬，壻之伯父致命女氏曰：「某之子有父母之喪，不得嗣爲兄弟，使某致命。」女氏許諾而弗敢嫁，禮也。壻免喪，女之父母使人請，壻弗娶而後嫁之，禮也。女之父母死，壻亦如之。』

(2)禮記曾子問：『曾子問曰：「親迎女在塗，而壻之父母死，如之何？」孔子曰：「女改服布，深衣縞總以趨喪。女在塗而女之父母死，則女反。」「如壻親迎，女未至，有齊衰大功之喪，則如之何？」孔子曰：「男不入，改服於外次；女不入，改服於內次；然後卽位而哭。」曾子問曰：「除喪則不復昏，禮乎？」孔子曰：「祭，過時不祭，又何反於初。」

【註二十四】禮記檀弓上『伯魚之母死，期而猶哭。夫子聞之曰：「誰與哭者？」門人曰：「鯉也。」夫子曰：「嘻！其甚也！」伯魚聞之，遂除之。』

【註二十五】禮記檀弓上『子上之母死而不喪。門人問諸子思曰：「昔者子之先君子喪出母乎？」曰：「然！」「子之不使白也喪之，何也？」子思曰：「昔者吾先君子無所失道，道隆則從而隆，道汚則從而汚，伋則安能？爲伋也妻者，是爲白也母；不爲伋也妻者，是不爲白也母。」故孔氏之不喪出母自子思始也。』

【註二十六】詩衛風河廣章序曰：『河廣，宋襄公母歸於衛，思而不止，故作是詩也。』文曰：『誰謂河廣？一葦杭之。誰謂宋遠？跂予望之。誰謂河廣？曾不容刀。誰謂宋遠？曾不崇朝。』

第五章　婚姻底組織

論起婚姻底組織來，還是不能單純地看；因爲社會上既有種種底階級底區別，又有樣樣環境底支配，我們確是不能得到一個簡明的敍述。那麼，只好分別而談，以個人在社會上底地位，來考查婚姻底組織是怎樣情形，倒很能不失眞象了。

至所謂婚姻底組織，通常專指男女兩方面的數目說。我以爲這端底研究實在是必要的，然只限於各個婚姻底解釋，而把一時代婚姻全體底組織並未談到，不免有所缺欠。換句話說，一夫多妻制或一妻多夫制底討論，僅僅算是就婚姻個體方面觀察底結果來說婚姻是這樣組成的。但拋開個體而註目到全體上便得打破死守男女數目底研究底固見更要往大處觀察。便是『婚嫁底數次』底討論了。那麼我們就照樣說起來：

（甲）男女數目

中國古代婚姻，在貴族方面都是一人娶幾個老婆，絕然不能認爲一夫一妻制。卽在平民方面依純理解釋，似乎是一夫一妻制，然在事實上並沒有說禁止庶人娶幾個老婆，而且『禮不下庶人』，他們更得多娶，不像貴族因名分各別，數目便有等差的。不過他們是限於經濟，不能購買得許多老婆，所以實際上還是一夫一妻佔多數了。

但這話又說回來了，據實際底觀察，我國古代確是一夫一妻制，不過另有其他條件附帶在這裏的。原來古代雖說一個人娶幾個老婆，可是具有妻底資格的，仍然只有一位，其餘就是後世所叫做的『小老婆，』而下於妻一等的。那麼，這種制度不外是『多妾制中的一夫一妻制，』簡單說來，便是一夫多妾制了。如今先就天子方面說：

天子照例應當娶多少老婆，各代都不相同。據說『有虞之世，爲三夫人；夏加九爲十二；殷加二十七爲三十九。』可靠不可靠，姑且不說；惟獨到了周朝，我們都可從曲禮看出

『天子有后，有夫人，有世婦，有嬪，有妻，有妾。』

這們多的名目啊？說到她們底數目上，我們也有確切底證據。如禮記昏義上說：

『古者天子后立六宮，三夫人，九嬪，二十七世婦，八十一御妻，以聽天下之內治，以明章婦順，故天下內和而家理。』

又周禮上說：

『王者立后，三夫人，二十七世婦，八十一女御，以備內職焉。』

由這裏我們又看出兩件事情（一）只有后一個人算站在妻底地位，后以後便都是妾，所以『后立六宮，』『以聽天下之內治；』居然和『天子立六官，』『以聽大下之外治，』並行起來，這就是多妾制中的一夫一妻制了。（二）所有諸妾，倒不必問他是要飽肉慾，或只圖舒服，而在名義上總認用

她們來『備內職』，以天下之大，便不能不多娶老婆，來幫自己底忙的。

不過這種現象還是周初底光景，到春秋時，『天子一娶十二女』，卻變爲定例，不能一例看的。

諸侯遜於天子，所娶的老婆，在名目上據曲禮上所載：

『公侯有夫人有世婦有妻有妾』

而其數目則一娶九女。公羊傳上說：

『媵者何？諸侯娶一國則二國往媵之，以姪娣從，姪者何？兄之子也。娣者何？弟也。諸侯一聘九女。』（莊十九）

是諸侯夫人，自有姪娣幷二媵，而媵又各有姪娣，合計起來，便是九女了。

自然了，這九女裏頭居在妻底地位的還是只有一個『夫人』，所以

『齊桓公內嬖如夫人者六人。』

便見貶於左氏。而所以要娶這些老婆底緣故，依然是：

『國君聘妻於異姓，設爲姪娣，命婦，宮女，蓋加法制，所以治其內也。』（管子）

打起官話，總逃不了『治內』底觀念的。

我在這裏特別要提出的，就是什麽是媵？什麽又是姪娣？這本是男女數目底研究中應有底文字，我便說在這裏。儀禮上說：

『有媵爵。』（謂先餘一爵，後二爵從之也。）

諸侯娶一國之女，其他二國隨同而嫁，就是媵爵底意思，因而便叫做『媵。』不信嗎？楚辭上還有一句話是：

『魚鱗鱗兮媵予。』（江海間有魚游必三，如媵隨妻，先一後二，人號爲婢妾魚）

所以『媵』就是嫁一女而其他二女隨嫁的稱謂，而且也是諸侯婚制中特有底事情。春秋上所載的：

『衛人來媵』（成八）

『晉人來媵』（成九）

『齊人來媵』（成十）

都是就這事而說的，但是『媵』只限於同姓諸侯，纔有作『媵』底資格。例如魯成公將嫁女於宋，魯底同姓國衛來媵魯女，左氏稱爲『禮也，』並說：

「凡諸侯嫁女，同姓媵之，異姓則否。」（成八）

反是，左傳上載：

「晉將嫁女於吳，齊侯使析歸父媵之。」

便算不知禮，因爲晉嫁女於同姓，已經不成話說，齊又以異姓底資格來媵晉女，更是不可的（註二十七）。

還有一層，媵是隨嫁而往，所以使申其意爲「隨」，把夫人底姪娣也可叫做媵，而妾就與媵更成爲通用了。後來釋言上說得明白：

「媵，送也。言妾送嫡行，故夫人姪娣亦稱媵也。」

其實媵是媵，姪娣是姪娣，不過夫人底姪娣得稱爲媵罷了。所謂姪娣者不特諸侯須有，即天子嫁女，又何嘗不然？易經歸妹上說：

「歸妹以娣。」

又尸子上說：

「堯聞舜賢，徵之草茅之中，妻之以媓，媵之以英。」

便可瞭然了。但無論如何，姪娣總得與嫡俱行，所以伯姬已嫁，而其娣叔姬待年於父母之國，不與嫡俱行，後來始歸於紀，春秋上便大書『春王三月，叔姬歸於紀』宣布其罪過了。

諸侯娶妻，既有媵又有姪娣，無怪乎：

『維鵲有巢，維鳩居之；之子于歸，百兩御之。』（召南鵲巢）

『敝笱在梁，其魚魴鰥；齊子歸止，其從如雲。』（齊風敝笱）

什麽『百兩御之，』什麽『其從如雲，』都不外說諸侯一娶便是討得一大羣底老婆，不過只有夫人算是元妃，用奉粢盛，其餘都算是『小星，』其『進御於君，不敢當夕，見星而往，見星而還』（召南小星註）是和夫人不同體的。

卿大夫亞於諸侯，無所謂『媵，』但有姪娣，何以見得？喪服大記上說：

『大夫撫室老，撫姪娣』

這姪娣可以就算是『媵。』所以白虎通上說：

『卿大夫一妻二妾。』

這妾便是所叫做底『媵而妾者。』那麽內則上：

『子有二妾，父母愛一人焉』，

和唐風綢繆上：

『今夕何夕，見此粲者；子兮子兮，如此粲者何！』（註，或曰女三爲粲，一妻二妾也。）

有人認爲是就是對卿大夫而言，也保不定是的！

至說到士底方面，據白虎通說：

『士一妻一妾，不備姪娣』

大概無差，不過還待細考。

那麽推而到了庶人，自然只應當有一妻了。論語上說：

『匹夫匹婦之爲諒也。』

便可看出來的。然在事實上卻不盡然，我在前面已經說得明白，如今再具體的談一下。固然了，『帝堯七十一年帝命二女嬪於舜』（竹書紀年），尸佼認娥皇是處於妻底地位，女英是處於媵底地位，舜以匹夫而同時娶二女，有妻有妾，不外際遇與別人有異，且係天子嫁女，未可與其他平民相提並論起來。但在戰國時代，平常一個老百姓納妾的確是不在少數。如孟子上的『齊人有一妻一妾而處室者』（註二十八）；列子黃帝篇上的『宋逆旅人有妾二人』（註二十九）：並戰國策秦策上的『楚人有兩妻者』（註三十）；都可給我們一個確切底證據。不過這裏所謂兩妻者，當係一妻一妾底誤稱，因爲在那時多妾底環境裏，絕對不會有兩妻而平等存在的。

總而言之：中國古代婚姻男女兩方面底數目絕不是單對單，庶人雖有一夫一妻的，也不過是限於經濟底能力，若有餘金，依然用以買妾了。韓非子內儲說下六微篇上有一段事情，描寫起這情形很有趣。卽：

『衞人有夫妻禱者，而祝曰：「使我無故得百來束布。」其夫曰：「何少也？」對曰：「益是，子將以買妾。」』

是庶人買妾已成爲當代的風尚，卽不然，也算是衞國通行的習慣。況且在當時旣然沒有人出來反對這習慣，因而我就敢說他是一種爲人默認底制度！

（乙）婚姻底次數

說到婚姻底次數上，我們須得把婚與嫁分開來看。婚是怎樣說法呢？就是男子得再娶否？這個問題，在現時好像不成問題，可是在古代卻因各人在社會上的身分不同，便有差異了。原來古代天子雖然一娶十二女諸侯雖然一娶九女卻不能再娶，而所以一次要娶這許多底老婆，就是因爲不再娶，免得死了老婆一旦無子，弄得『天命不可保』了。天子方面暫不細說，論到諸侯方面，公羊傳上有話：

『諸侯壹聘九女，諸侯不再娶』(莊十九)

杜預釋例上更補充道：

『夫人薨，不更聘，必以姪娣媵繼室』

可見天子與諸侯娶妻雖多，尚有不再娶底限制，總算不好裏頭底一點好處。但是大夫以下卻得再娶，而諸侯不再娶一說，魯齊早給打破。朱子語錄上曾講『天子諸侯不再娶，亡了后妃，只是以一娶十二女九女者推上，魯齊破了此法，再娶大夫娶三士二，都得再娶。』是不再娶底制度到古代末期，也就變爲一種虛文。

其餘都得再娶，我們倒不難找出多少底旁證。但這種再娶，也就限於其妻或死或出，所以

『繼母如母。』(儀禮喪服)

這種底『繼母，謂己母早卒，或被出後，續己母也。』(疏)是其父再娶也祇在這個條件之下纔行。倘

不這樣，恐怕就要落得『不思舊姻，求爾新特。』（小雅我行其野）那種光景。因而景公想把愛女嫁與晏子，晏子寧願守著他底『老且惡』底老婆，不願攀高折桂，就因爲平白地這樣再娶起來便有違於禮法的。（晏子春秋）（註三十一）

嫁是怎樣說法呢？就是女子得再嫁否？自然了，我敍述古代維持婚姻底方法底時候，曾說及他們對於婚姻，始終維持一個『恒』字而在女子方面特別講究一個『貞』字，女子不再嫁，實是古代人所主張的。不過『夫死不嫁，』誠然算在古代公認他是很高尚了，而『夫死再嫁，』古人卻也並沒有說這是不道德，換句話說古代只有積極地獎勵不嫁，卻沒有消極地限制再嫁，視再醮爲罪惡，所謂『餓死事小，失節事大，』特由宋儒作俑，古代人是不負責任的。檀弓上：

『公叔木有同母異父之昆弟死，問於子游。……狄儀有同母異父之昆弟死，問於子夏。』

同母異父就是女子再嫁底證據，如果認爲不道德，便和淫奔視爲同道，根本已失其存在價值，公叔木及狄儀也就無所問於子游子夏了。又如共姜要爲衛世子共伯守節，父母欲奪而嫁之，共姜作柏舟一詩以絕也不過說：

『母也天只，不諒人只！』

人只指人事而言，這可見守節立志無非各人的所願，並非不如此便算不道德，所以只能怨其父母不在人事上着眼而已。管子上更有一段話是：

『凡國都皆有掌媒，取鰥寡而和合之，此之謂合獨。』

和合鰥寡便是再娶再嫁底明證；要是女子不得再嫁，這獨又怎樣來合呢？縱認管子上這話非事實，然管子一書至晚亦成於周末，而視再嫁非不道德，已可由這裏證明出來。

除去『夫死不嫁』外，被出亦得再嫁。所以七出不書明其故，或更託辭於『黎蒸不熟，』無非『爲其可嫁也。』是『棄妻』亦得在再嫁底數內。不過貴族方面，如諸侯底女被出，常想保存一個『貞』字，多不再嫁，卻是現象上如此，並非制度原來這樣。若平常的女子被出，不必他言，請看喪制上屢屢說及『出母』自有別家爲她服喪，原嫁底家族，不必管她，便可明白再嫁實不是與制度有違。他若納幣後忽值三年之喪，雖已許一夫，而照例須棄此更嫁，誰說古人唯一地卑視再嫁呢？

【註二十七】左傳疏：『禮，媵同姓，適異姓；今晉嫁女於同姓，齊以異姓爲媵，皆非禮也。

【註二十八】孟子離婁下：『齊人有一妻一妾而處室者。其良人出，則必饜酒肉而後反。其妻問所與飲食者，則盡富貴也。其妻告其妾曰：「良人出，則必饜酒肉而後反，問其與飲食者，盡富貴也；而未嘗有顯者來。吾將瞷良人之所之也。」蚤起，施從良人之所之，徧國中無與立談者；卒之東郭墦間之祭者，乞其餘不足，又顧而之他。此其爲饜足之道也。其妻歸，告其妾曰：「良人者，所仰望而終身也。今若此！」與其妾訕其良人，而相泣於中庭。而良人未知之也，施施從外來，驕其妻妾。由君子觀之，則人之所以求富貴利達者，其妻妾不羞也而不相泣者，幾希矣！

【註二十九】列子黃帝篇及韓非子說林上篇：『宋逆旅人有妾二人，其一人美，其一人惡。惡者貴而美者賤。楊子過宋，問其故。逆旅小子對曰：「其美者自美，吾不知其美也；其惡者自惡，吾不知其惡也。」』

【註三十】戰國策：『楚人有兩妻者，人誂其長者，長者詈之；誂其少者，少者許之。居無幾何，有兩妻者死。客謂誂者：「汝取長者乎？少者乎？」「取長者！」客曰：「長者詈汝，少者和汝；汝何爲取長者？」曰：「居彼人之所也，則欲其許我也；今爲我妻，則欲其爲我詈人也。」』

【註三十一】晏子春秋：『景公有愛女，請嫁於晏子。公迺往燕晏子之家，飲酒酣，公見其妻曰：「此子之內子耶？」晏子對曰：「然，是也。」公曰：「嘻！亦老且惡矣！寡人有女少且姣，請以滿夫子之宮。」晏子違席而對曰：「乃此則老且惡，嬰與之居故矣，及其少而姣也。且人固以壯託乎老，姣託乎惡，彼嘗託而嬰受之矣！君雖加賜，可以使嬰位。其託乎？」再拜而辭。」

第六章 婚姻底儀注

古代婚姻雖然在本質上看來，是出於購買底形式，但到了後來，對於這些購賣底遺痕，卻給他加以唯智底解釋，而視爲當然，即成其所謂結婚時候底禮節了。換句話說，說在昔日本是圖意識地傳下來，到如今便變爲勢在必有的程序；如父母之命媒妁之言，給周人說，這是購買方法底實現底經過，我想他們必然不信，而自要說出有他們維持底理由。再說後來因人類知識發展，又格外想出種種程序作爲達到婚姻底道路，不過這都是由特殊階級所創始，大多數人民還沒有自信力，只讓着「先王治禮」。自己惟有死力地來奉爲神聖不敢有犯。於是大衆既然採用起來，後起賢者也以「從衆」爲是，這就變爲普遍的制度。簡單說來，便使「婚禮」有所存在了。那麼，婚姻底構成，總必經過一定的儀注，實爲古代所重視；要是不按照婚禮結起婚來，社會上便不承認他們是正當底婚姻；即就許爲發生婚姻底關係，依然不令他們襲用嫁娶底名目，而所嫁底女子更是不能得有妻底名分。如禮記內則說：

『聘則爲妻，奔則爲妾。』

奔就是不備禮節底意思，所以娶來底女子便算妾了。至妻總得『明媒正娶，』因而女子不備禮底婚姻，曾都計及『雖速我訟，亦不女從』（召南行露）而對於强暴之徒更要詈道：『無感我帨兮，無使尨也吠』（召南野有死麕）這都是怕失禮落得他人來說嫌話。當時社會上對於這種婚禮底必須遵守，我們還可從周禮上看出來。他說：

『媒氏禁遷葬者，與嫁殤者。』

遷葬者，就是『生時非夫婦死而遷葬之使相從；』嫁殤者，就是把『十九以下未嫁而死者』作爲假出嫁，這都是因爲沒經過婚姻底程序，使不許有婚姻底結果，所以要禁的。

這種儀注雖然說有好些是無意識的，沒有存在底價值，但就大體而觀，總不失爲鞏固婚姻安定底一種方法。大戴禮盛德篇上說：

『凡淫亂生於男女無別，夫婦無義。婚禮享聘者，所以別男女，明夫婦之義也；故有淫亂之獄，則飾婚禮享聘。』

這話或者也就是古代重視婚禮底根本觀念。

不過古代關於婚禮底儀注，卻不必代代皆然因爲『三王不同俗，五帝不共樂，』總都有所差異的。那麼，要把所有各代的儀注都考出來，確非易事，或者因爲材料關係甚至變爲不可能的事情；我們惟有着重在周代了。好在周以前底時代都尙『質，』周始尙『文，』卽就能考出周以前關於婚姻底儀注，也是沒有周的完備，這一點卻是我可斷定的。

然而在古代『禮不下庶人，』庶人以上卻因各人在社會上底身分不同，禮制卽不相同，婚姻底儀注當然也是不能一致的。所以卽就周代而言，儀禮上載得有士昏禮；郊特牲上說：『無大夫冠禮而有其婚禮，』孔子對哀公問，大談天子諸侯底婚禮；是各有各底儀注，未能一例看的。但現時存在的只有一個士昏禮，其他卻散見各書中。我們要詳詳細細地說起某階級對於婚姻應用某種儀注，除過士以外，確是不可能。而且卽使都完全存在於今日，我們不是刊叢書也不能把全文搬運過來，所以就無要他們存在的必要。我們最好是從普遍的方面抽出具體底觀念而把各階級底儀注統屬在這裏頭說，倒覺得有點趣味。至於詳細的儀注，要是著重在『士，』自有士昏禮可證，而其他因從來失傳，只好付闕了。

現在因爲敘述底便利，分爲兩段，說在下面：

（甲）主要底儀注

我們現時世俗上，遇着娶親底日子，門楣上總要貼那寫着『六禮告成』底額子，這裏所說底『六禮』實在是古時候——周代——婚姻上主要底儀注。那麼六禮是些什麼東西？禮記昏義上說：

『昏禮者，將合二姓之好，上以事宗廟而下以繼後世也。故君子重之。是以昏禮——納采，問名，納吉，納徵，請期，——皆主人筵几於廟，而拜迎於門外，入，揖讓而升，聽命於廟，所以敬愼重正昏禮也。』

請期以下，便是『父親醮子而命之迎，』所謂『往迎爾相，御輪三周，』是爲『親迎』之禮，到這時就是『六禮告成』底時候。但是什麼又叫做納采問名……親迎呢？

大抵『納采』是『使人納其采擇之禮』（儀禮士昏禮納采注）而納采言納者，以其始相采擇，恐女家不許，故言納。（疏）詩經上：

『參差荇菜，左右采之。』（周南關雎）

就是興起採擇窈窕淑女的意思。

『問名』是『主人具書，遣使者至女氏，問女之名，女氏復書，具女所出及生年月日以告也，』

但須明白納采問名是一使所行底事情，納采底禮行使畢便接着就實現『問名』這種儀注了。

『納吉』是問名以後，歸卜於廟，如得吉兆，復於女氏，這婚姻便算確定。而所以要問卜底意思，無非『人謀鬼謀，欲無不臧，爾室爾家，欲無不宜』底緣故。

『請期』是告女家以迎娶底日子，雖然使者口稱『請吉日，』而女家以『前旣受命，』這時亦『唯命是聽』了。

尙有『納徵』『親迎』兩事，更其是六禮中重要底部份，所以要特別提出來說。不過在這裏要預先知道的，還有數事：(一)六禮裏頭除過納徵外，使者往女家都要用一種摯。請看士昏禮上：

『納采用鴈……賓執鴈請問名……納吉用鴈……請期用鴈……期初昏……賓外北面奠鴈……』

雖然在客觀方面有時譏用鴈是買妻底定錢，如『委禽』是。但這時用來卻成爲禮儀底東西，況親迎用鴈，更着重在『執摯以相見，敬章別也。』(郊特牲)而不能在當事人心目中解釋是購買形式底痕跡。(二)據士昏禮上看來，六禮底行使都有『賓，』這『賓』大約就是『媒妁，』卽就不然，至少在最初諸禮中也必是『媒妁，』因爲：

『男女非有行媒不相知名，』(曲禮)

『男女無媒不交』(坊記)

而問名乃爲的知名，納吉乃爲的交婚，可見賓一定是『媒妁』了。(三)六禮底行使都免不了宗法底意味，如昏義上所謂『筵几於廟』『聽命於廟』便是這種意思。如今再來說說納徵與親迎。

先說納徵關於納徵底意義，我在第二章已經說過他是購買形式唯一的痕跡；實質上就是交納物價，所以又要叫納幣。納幣不過古人總不以購買自許認他爲一種儀注，因爲由這便成就婚姻，就叫做納徵了。雖然是這樣說根本上究脫離不了購買形式，因之納幣便又隨而變爲很重要的儀注。於是：

『幣必誠』(禮記郊特牲)

『非受幣不交不親』(禮記曲禮)

『無幣不相見』(禮記坊記)

可想見納幣底重要了。納徵用使者，自不必說，特在諸侯方面和普通遣使卻又不同。他在納徵時所遣底使者專限於大夫，誠然不能自己出馬，而且使卿也算非禮了。所以春秋上莊公二十二年冬，莊公跑到齊國去納幣；公羊傳上就說：

『納幣不書。此何以書？譏。何譏爾？親納幣，非禮也。』

穀梁傳上更說得明白：

『納幣，大夫之事也。禮有納采，有問名，有納徵，有告期；四者備而後娶，禮也。公之親納幣，非禮也。』

因爲納幣是大夫之事，便有人解釋春秋上成公八年，宋公使公孫壽來納幣，是表明『使卿非禮』，非專爲『錄伯姬』(公羊傳)或重在『禮也』一點意思上，這話大概是可靠的。

說罷納徵，再說親迎：親迎是什麼，就是壻往婦家去迎婦，既奠鴈，御輪三周而先歸，俟於門外，婦至則揖以入，共牢而食，合巹而酳(昏義)。親迎底儀注，便算告終。所以春秋時齊俗不親迎，詩人爲著之詩以諷刺；所謂『俟我於著兮』『俟我於庭兮』『俟我於堂兮』都是表明不親迎底情形，女子至壻底門庭，堂纔見壻來俟，已很是不以爲然的。而所以要男子先歸者，不外：

『男先乎女，剛柔之義也天先乎地，君先乎臣，其義一也。』(禮記郊特牲)

至於爲什麼要親迎？禮記哀公問上有說：

『公曰：「寡人願有言，然冕而親迎，不已重乎？」孔子愀然作色而對曰：「合二姓之好，以繼先聖之後，以爲天子宗廟社稷之主，君何謂已重乎？」……孔子遂言曰：「昔三代明王之政，必敬其妻子也有道，妻也者親之主也，敢不敬與？」

是不外出於敬，所以「親之至矣，大昏爲大大昏至矣大昏既至冕而親迎，親之也；親之也者，親之也。」實是古代重視婚姻底一種結果。

不過在實際上，天子卻不見得親迎。

詩經大雅大明章上雖然說：

「文定厥祥，親迎於渭，造舟爲梁，不顯其光。」

這時候文王也不過一個諸侯，不能因周以後有天下，而認是爲天子底儀注，但是天子倒不必親自行親迎底禮節，至少也得使卿迎，是自己雖不實踐這種儀注，而這種儀注卻未曾廢去，並須得使卿迎，依然不減其重要底地位。無怪乎春秋上襄公十五年劉夏逆王后於齊，左氏便說：

「官師（士）從單靖公逆王后於齊，卿不行，非禮也。」

至於諸侯是要親迎的。文王迎於渭，韓侯迎於蹶（大雅韓奕章）（註三十二），都是確實底證據。所以諸侯不親迎，就得受刺，齊風著章所說的「充耳以黃乎。」便是指國君底裝飾，表明國君違禮不來親迎的。其在事實方面如春秋上『紀履緰來逆女，』公羊氏便說：

『譏始不迎親也。』

但是這話又說回來了，諸侯誠然要親迎，如不能躬自爲禮，而使卿也可以將就下去，倘連卿也不使，這就大算不知禮節了。所以公子翬如齊逆女，穀梁氏便說：

『逆女，親者也；使大夫，非正也。』

而左氏對於春秋上『文公四年夏，逆婦姜於齊』一事，更有一段最痛快底話是：

『逆婦姜於齊，卿不行，非禮也。君子是以知出姜之不允於魯也。曰，貴聘而賤逆之，君而卑之，立而廢之，棄信而壞其主，在國必亂，在家必亡。詩曰「畏天之威，於時保之，」敬主之謂也。』

從這裏又可看出所以要親迎底緣故，照例說應該諸侯躬自爲禮，使卿便算省事，若連卿也不使，在古人眼中看來，自然成爲『賤逆，』而沒有好結果的。

大夫依樣是要親迎的。但是不能越境迎女，因爲大夫不應與自己底國外的人通婚，當然有這樣結果。所以春秋上莊公二十七年，莒慶來逆叔姬，公羊氏就說：

『莒慶者何？莒大夫也。莒無大夫，此何以書？譏。何譏爾？大夫越境逆女，非禮也。』

然而這裏所着重處只在越境一事，我們卻可旁證出大夫仍須遵守親迎底儀注。

士不用說了，儀禮上，士昏禮自『期初昏』以下到『婦至主人揖婦以入。』全是說着親迎底事情，而『六禮告成』也就在這個時候。但時亦有不親迎的，那麼，三月後纔行壻見底儀注。爲士昏禮上說：

『若不親迎，則婦入三月，然後壻見。』

是親迎是常則，不親迎或是例外了。

至於庶人有無親迎，古代禮制沒有列出。但是我們看見鄭風丰上有幾句話是：

『衣錦褧衣，裳錦褧裳；叔兮伯兮，駕予與行。』

據毛詩稱這章詩是『刺亂也；昏姻之道缺，陽倡而陰不和，男行而女不隨』那麼，這幾句話，就是寫出親迎底樣子，而衣錦褧衣乃庶人底妻所服，可以推定庶人是有親迎。不過又有人解釋『碩人其頎，衣錦褧衣』爲諸侯婚。究竟誰是誰非，因我對古代各種階級所著底服飾尚待研究，只好並存兩說。但是到了戰國時候，確有個例子證明庶人時亦有親迎。戰國策魏策上說：

『衛人迎新婦；婦上車，問驂馬誰馬？御曰，「借之，」婦謂曰：「拊驂，無笞服！」』

庶人車止兩馬，新婚攝盛，駕四𩢍，中二馬曰服，外二馬曰驂；故新婦便問驂馬誰馬，可知其爲庶人婚了。大抵庶人不必一定有親迎，而卻不能謂其無親迎，確是一個結論。

（乙）特加底儀注

除過六禮以外還有許多的儀注，有的是行於迎娶以後的，有的是行於特殊階級的。雖然說沒有六禮那樣普遍，那樣主要，可是他們卻也不願捨而不行，依樣視爲婚姻上當然底程序，我們也只好仍舊放在這一章內來敘述罷了。

（一）特殊階級底儀注。　古代社會上既有種種階級，天子和諸侯通婚、或者諸侯和境內底大夫通婚，總覺有所自貶身分，所以事實上雖這樣行來，而名義上仍然要保持原有的尊貴。這就生出一種儀注，他底名目便是『主婚』了。如春秋上桓公八年，『祭公來，遂逆王后於紀』一段事，就是天子娶后命魯主婚；又如春秋上莊公元年，『單伯送王姬』一段事，就是天子嫁女命魯主婚。在首一段事中，『既書其來，又言遂逆，是先來見魯君，然後向紀，知王使魯主婚，故祭公來受魯命而往迎也。凡婚姻皆賓主敵體相對行禮。天子嫁女於諸侯，使諸侯爲主，令與夫家爲禮。天子聘后於諸侯，亦使諸侯爲主，令與后家爲禮。嫁女則送女於魯，令魯嫁女與人。迎后則令魯爲主，使魯遣使往逆。故祭公受魯命也。嫁王女者，王姬至魯而後至夫家。其王后婚，不來至魯者以王姬至魯，待夫家之逆以為禮，故須至魯；后則王命已成，於魯無事故即歸京師」（春秋疏）主婚底意義與程序大概不外這樣，諸侯嫁女於大夫命大夫主婚，當然也是相同。不過要明白主婚底諸侯與大夫卻總得和嫁女娶婦底天子及嫁女與大夫底諸侯，是同姓纔成。公羊傳上有話是：

「天子嫁女於諸侯，必使諸侯同姓者主之諸侯嫁女於大夫，必使大夫同姓者主之。」（莊元）

所以要同姓底緣故，無非是「同宗共祖可以主親」罷了。

主婚底儀注以外，要討論的就是「婚禮不稱主人」一句話。這種儀注或是普遍的也未可知，但是我在這裏只就貴族方面觀察，也只好認為是特殊階級底儀注了。且拿春秋上祭公來逆王后於紀一段事情說，公羊氏便有話：

「祭公者何？天子之三公也。何以不稱使？婚禮不稱主人」

是公然不承認祭公是天子底使者，因為婚禮上原要這樣的。但是既然不能稱主人，又是怎樣稱法。公羊傳上說：

「紀履緰何？紀大夫也。何以不稱使？婚禮不稱主人。然則何稱？稱諸父兄師友。」（隱二）

雖然是對諸侯說，天子也是一樣看法。不過沒有所稱底人物，卻只好稱使了。所以公羊傳上接着說：

『宋公使公孫壽來納幣，則其稱主人何？辭窮也。辭窮者何？無母也。然則紀有母乎？曰：有。有則何以不稱母？母不通也。』

關於這一種儀注，後來孔穎達解釋得最妥。引他底原話來，免得我再說。他以爲『言婚禮不稱主人者，主人謂壻也。爲有廉恥之心，不欲自言娶婦，故卿爲君婚，侍者必稟君母之命，婦人之命不得過於鄰國，若言卿輒自來，非君所命，故裂繻不言使也。其無母也，臣所無稟，不得不稱君命，故公孫壽言宋公使也』（隱二疏）。大概總不外是這樣的。那麼婚禮不稱主人，固然是一義，而婦人不主婚，又是儀注上一種限制，所以宋蕩伯姬自爲其子往魯逆婦（僖二十五）不必說『越境非禮』，即在主婚上已算失了禮儀的。

此外特殊階級對於婚姻底儀注，我們還可找出幾種來說：

第一，諸侯娶妻，其夫人必要命於天子。怎見得？雜記上說：

『夫人之不命於天子，自魯昭公始也。』

魯昭公因爲娶吳爲同姓，不敢告，所以就逃去這種儀注。然由這裏卻可看見夫人必命於天子，實是根本的原則了。

第二，諸侯嫁女不自送，若自送便算失禮，春秋上桓公三年，公子翬如齊逆女，九月，齊侯送姜氏於讙。左氏便說：

『齊侯送姜氏，非禮也。凡公女嫁於敵國，姊妹則上卿送之，以禮於先君；公子則下卿送之；於大國，雖公子亦上卿送之；於天子則諸卿皆行，公不自送；於小國，則上大夫送之。』

無論如何，公是不自送的。因而公羊傳上說：

『九月，齊侯送姜氏於讙，何以書？譏。何譏爾？諸侯越竟送女，非禮也。』

其實論到普遍方面，不僅諸侯是這樣，凡『送女，父不下堂，母不出祭門，諸母兄弟不出闕門，』倒是通常的限制，而諸侯若越境送女，更是大犯禮法了。

第三，諸侯致女必使大夫，春秋上成公九年，季孫行父如宋致女，胡傳便說：『致女者何？女既嫁三月而廟見，則成嫁矣。而後父母使人安之，故謂之致也。常事耳，何以書？致女使卿，非禮也。』可知因『女嫁三月，又使大夫隨加聘問，』纔得『謂之致女』（杜預註）使卿便認爲失儀了。

第四，大夫以上婚禮中有所謂『反馬』底儀注。如春秋上宣公五年冬，齊高固及子叔姬來，左氏便說：

『冬，來反馬也』

什麽叫做反馬？『禮送女留其送馬，謙不敢自安若被出棄，乘之以歸也。三月廟見，夫家遣使反馬，示夫妻之情既固與之偕老，不復歸也。』（疏）是反馬須遣使而高固親來，非禮也。（胡傳）

（二）六禮以後底儀注，這種儀注可說是普遍的。但皆在迎娶以後，即不然也和迎娶後生在同時的。

第一種要知道的，古人把婚禮認爲陰禮，並不像後世看婚嫁是可樂也的。怎見得他是陰禮？周禮上說：

『以陰禮教親，則民不怨。』

注上有話：『陰禮，謂男女之禮。』既然是一種陰禮，於是乎就不能用樂，並不得行賀，因而郊特牲上便說：

『昏禮不用樂，幽陰之義也。』

『樂，陽氣也，昏禮不賀，人之序也。』

不過事實上酬賀是人情之常，絕不能免賀。那麼賀娶妻只好說：

『某子使某聞子有客，使某羞（進）。』（曲禮）

可見賀總不是正當的辦法。至於樂卻絕對不能舉。曾子問上載孔子底話：

『嫁女之家，三夜不息燭，思相離也；取婦之家，三日不舉樂，思嗣親也。』

是不特男家三日不舉樂，就是女家三夜連燭也不得息的。若是要問為什麼要這樣呢？除『思相離』『思嗣親』外，大概總不出乎：

『玄冕齊戒，鬼神陰陽也；將以為社稷主，為先祖後，而可以不致敬乎。』（郊特牲）

這還是宗法觀念底影響。看婚禮是傳宗立代底儀注，乃最大底事情，當然要用一個敬字對付他。所以：

『日月（取婦之期）以告君，齊戒以告鬼神，為酒食以召鄉黨僚友，以厚其別也。』（曲禮）

絲毫不敢苟且的。那麼如今取妻時候，鄉黨僚友往賀，和那時候為酒食以召鄉黨僚友，表面上係是同樣底事情，趣味上差的不知有多們遠啊！

第二種要知道的是古時迎娶以後，還得經過『廟見』與『祭行』底儀注，纔能取得婦底身分。固然了，『女子許嫁，笄而醴之，稱字』（儀禮）既許嫁而未適人，雖死亦以成人之喪治之（註三十一）是婚姻與女子底身分頗有關係。況且若是出嫁有吉日，女子忽死，雖沒有到了夫家，夫在她未葬以前，還得服齊衰往弔之（註三十四）；可說婚姻一定，女子便取得爲人妻底身分，那麼，一經夫迎娶到家，這妻底身分便是千穩萬穩，實在沒有可疑的地方了。就拿事實來說：『禹娶塗山，四日卽去，乃有啓生』是四日以前男女卽相交合了。而士昏禮上親迎之夜，衽席相連，當晚也就有相配底機會，妻底關係確是經過六禮而完全告成。但要明白古代是宗法底社會，男女取親，不是專爲個人娶妻，乃是特爲家族娶婦，所以舅姑在底時候，便如士昏禮所說：

『夙興，婦沐浴，纚笄宵衣以俟見；質明贊見婦於舅姑。……若舅姑既沒，則婦入三月乃奠菜席於廟奧。』（士昏禮）

這就是『廟見』。曾子問上：

『三月而廟見，稱來婦也；擇日而登於禰，成婦之義也。』

是婦底身分於廟見後纔成立。但是卽就舅姑在底時候，婦底身分也得三月後纔成立。爲什麼？士昏禮上說：

『婦入三月，然後祭行。』

還裏是『兼舅姑存歿適婦庶婦而言，三月之後，婦道旣成，故凡祭皆行也。』那麼雖見舅姑，還沒祭行，也不能成婦，所以女子嫁與人，在沒有經過廟見及祭行底儀注以前，照例不執婦功，偏偏魏人不守此禮，弄得『摻摻女手，可以縫裳』（魏風葛屨）時人頗不以爲然，慢說這個女未廟見而死，落得：

『不遷於祖，不祔於皇姑，壻不杖，不菲不次，歸葬於女氏之黨，示未成婦也。』

婦底身分旣重於妻底身分，婦底身分一日不定，妻底身分一日動搖，我們試看『致女』必須三月以後，『反馬』必在廟見之下，無非是要經過這個儀注，使婦道有所成立，而妻底地位也就鞏固了。

古代婚姻底儀注大致如是，其他繁瑣節目，只好從略。

【註三十二】詩大雅韓奕第四章：『韓侯取妻，汾王之甥，蹶父之子。韓侯迎止，于蹶之里，百兩彭彭，八鸞鏘鏘，不顯其光。諸娣從之，祁祁如雲。韓侯顧之，爛其盈門。』

【註三十三】（1）公羊傳僖九：『秋七月乙酉，伯姬卒。此未適人，何以卒？許嫁矣。婦人許嫁，字而笄之；死則以成人之喪治之。』

(2)穀梁傳僖九：『秋七月，乙酉，伯姬卒，內女也。未適人，不卒，此何以卒也？許嫁笄而字之；死則以成人之喪治之』

【註三十四】禮記曾子問：『曾子問曰：「取女有吉日而女死，如之何？」孔子曰：「壻齊衰而弔，既葬而除之；夫死亦如之。」』

第七章　婚姻底影響

男女若是各有各底生活，只在交合時候發生接觸底關係，那麼男女間底地位便不能影響到婚姻上，或者受婚姻底影響了。無如婚姻不管是出於那一種形式，總具有安定性，而且也是應該有的；況男女又不能都像在現時進化各國裏各自有獨立的職業，勢必相依為生，這就生出婚姻底影響問題來了。

我們時常從婚姻關係方面來觀察我國古代男女底位置，就大體上說來，女子在家庭中底地位低於男子，可認為因為婚姻纔發出這種現象，便算是婚姻底影響。但是因女子位置低，公然說是受婚姻底影響，亦未見得全是，難保沒有他種源因先使女子位置低起來，引用到婚姻上便演成男尊女卑底當然結果，這也可算是婚姻底影響，就是說婚姻所受底影響了。換句話說，這兩個事情我們既然不能分得淸楚，只好泛說男女底地位是婚姻底影響，把實有底現象交代明白，卽爲已足，倒不問這種現象是受婚姻底影響或是與婚姻以影響了。

不過女子在社會上底地位，誠然很難斷定，這種情形，是造成婚姻底因，或結就婚姻底果。可是在家族中的地位，容許是因原來底地位低，纔落得受制於人，但她們總是因婚姻程序纔取得在家族中這樣底地位，我們固無妨說他是婚姻底果了。卽就說在社會上底地位，原始或他種原因而致此，但後來也不敢說沒有因婚姻結果而輕視女子在社會上底地位，『因』又變『果』也是常有的事。總之，無論如何，男女底地位不管在家族中在家族外，我想和婚姻制度必不能沒有關係的。

至討論起男女底地位來，照一般通例，還得看是從那一方面觀察，不能直然斷定是高是低，因爲往往在理論上地位高，而實際上並不見得高；往往在具體上地位低，而抽象上卻不見得低；很難有個簡單底說法。好在我國古代因爲是農業底國家，女子生活大部份要靠男子，而且又是住在夫家，她的地位直處在零下百度，我們倒可斷定當時男女底地位是高是低了。固然有時候女子地位比較得高，也是隨所服從的男子而高，並不是自己本身的力量，結果還是處在她的低的地位，不過有相對的高而已。這些觀念，我們觀察淸暸，然後再依次分析說來：

(甲)女子在社會上的地位

古代對於女子，不用說，是很輕視的。她在社會上可說沒有地位，不過是男子底附屬品罷了。這種原因，我們不能說是出於何途，但婚姻底結果，或者這種現象底一種緣由，亦未可知。關於她底地位，要具體說來，我仍先從：

(一)理論方面觀察：　女子無論如何是不能和男子相敵抗，而必要立在弱順的地位。因爲：

「坤道成女。」(易繫辭)

當然不能像「乾道成男」而有陽剛底氣象，萬事都讓他立在頭裏去幹。再看咸卦上：

「咸亨利貞；娶女吉。」

娶女所以吉者，無非利乎貞而已。原來女子以「柔」爲她的本性，例應從陽而處於陰的。所以在恆卦上論「爻」是「二陽而五陰，陰恆從陽，乃婦人之吉也；」論「卦」是「上震而下巽，男恆從女，則夫子之凶也。」因而卦辭上說：

「六五，恆其德貞，婦人吉，夫子凶。」

可見女子從男子是當然，而男子順女子是奇有了。反過來在姤卦上，底下一爻是陰，「己在內爲主，而陽反爲客，且其道上行，而陽乃退消，是女主遽壯，』反乎女底本性，所以卦辭上說：

『姤，女壯，勿用取女。』

是女壯便成了女子底惡點，人抑認成是件可怕底事情。

那麽不管在政治上社會上，女子絕對沒有參加各種事業之間底可能，而惟以男子底命令是聽。一生在世，自己毫無自立的希望，只有『從人』是她唯一的職分。穀梁傳上說：

『婦人謂嫁曰歸，反曰來歸，從人者也，婦人在家制於父，既嫁制於夫，夫死從長子，婦人不專行，必有從也』（隱二）

把往夫家叫做歸，把回父家叫做來歸，便是表明她不能離開家庭。既然常要處在家庭而作爲一員，當然要從父從夫從子，這就是所謂『無專制之義，有三從之道，』而其根本觀念，仍不外『女子者，順男子之教而長其禮者也』（家語）（註三十五）。那麽就把女子底獨立人格剝取殆盡，認爲她是專對男子而存在了。因爲不能和男子對等，而只供男子底驅使，這就『大夫七十而致仕，則必賜之几杖，行役以婦人』起來了（曲禮）。反過來，在政治與社會方面，更沒有女子底分位，並且：

『公庭不言婦女』（曲禮）

雖然這裏底意思是『言婦人則涉及私事。』然亦可見婦女在政治與社會方面根本沒有獨立自主底可能，即被人說及也是不許的。如今再從：

(二)事實方面觀察：　從事實方面看起來，更可證明出古代對待女子底不與以充分人格，關於這樣的證據可就多了。如：

(1)不重生女　古代對於生男生女，顯然有不同的表示。大抵生了男子，都是很鄭重其事的。生了女子都是很隨便其事的。小雅斯干章說得淸楚。他講：

『大人占之，維熊維羆，男子之祥；維虺維蛇，女子之祥。乃生男子，載寢之牀，載衣之裳，載弄之璋；其泣喤喤，朱芾斯皇，室家君王。乃生女子，載寢之地，載衣之裼，載弄之瓦；無非無儀，惟酒食是議，無父母詒罹。』

處置男孩童與女孩童差異的多們遠！而對於男女底希望，也是天上地下，因爲女子無非無議，不給父母作醜，便算很好了。再看內則上說：

『子生男子，設弧於門外，女子設帨於門右。』

女子雖然設物在門右，而只以帨爲示，隱然視女子不外是巾纓脂粉中底人物，而主持世上底事務，惟有受設弧底男子了。這還不算，到了戰國時代，魏地不惟輕視生出女子，甚或發現溺女底事情，韓非子六反篇上曾說：

『父母之於子也產男則相賀，產女則殺之。此俱出父母之懷衽，然男子受賀，女子殺之者，慮其後便計之長利也。』

越發是把女子看得是不值半文錢，居然要殺起來。

(2)女子無名　女子不像男子有名，她只稱姓。所以姓字便從生從女，就是說女子生出來，就有姓了。到了十五而笄，纔有了字，所謂伯姬，叔姬，孟姜，叔姜，『姬』和『姜』都是姓，『伯』和『叔』和『孟』都是字，從沒有像後世公然叫她做什麼『紅玉』『木蘭』的。即就在問名底儀注上，也不過問的是伯姬叔姬之類。是但我並不是說女子在幼時根本上就沒有名，特是這個名字，只在閨門以內知道，離開母家便不能使用，又和無名有什麼差別？不過在戰國時，這事卻稍有變化，如鍾離春底名，人就知道，然而也只算是例外，非一般如此的。請想男子既然有名，而女子卻不能以名行，那麼女子在社會上底地位不必他問，即此亦見得男女底不公平了。生前既然是這樣，死後也是一樣地辦理。所以：

「復與書銘，自天子達於士，其辭一也。男子書名，婦人書姓。與伯仲如不知姓則書氏。」（喪服小記）

我們倒不管婦人在銘上書姓及伯仲，是殷制是周制（註三十六）；反正夫人總是不能書名的，因爲她自嫁後，縱然以前有名，也是歸於無何有之鄉。我們更可推知她在社會底地位是怎麼樣。

（3）女子無爵　女子既不能獨自在政治上或社會上佔有完全的人格，於是「嫁雞隨雞，」「嫁狗隨狗，」生前無爵，死後無謚，便成通例了。當她嫁底時候，其嫁服就是隨丈夫底爵位而有異。如：

「士妻褖衣，大夫妻展衣，卿妻鞠衣。」

其在「復」中，據雜記上說：

「內子（卿之適妻）以鞠衣褒衣素沙；下大夫（之妻）以襢衣，其餘如士。……夫人（諸侯之妻）稅衣揄狄，狄稅素沙。」

也是自己無爵而從起夫底爵位了。他如玉藻上：

「唯世婦命於奠繭，其他則皆從男子。」

注上說：『凡妻貴因夫，故得各服其命數之服，』女子是男子底附屬品，即拿服飾一端看來，已經是夠談的。況且『治婦人底喪事，皆以夫爵位尊卑為等降，無異禮也。』更證明出。

『凡婦人從其夫之爵位。』（禮記雜記）致和男子不能并立，只仰仗男子底鼻息罷了。

說到這裏我又想起一件事情！就是禮記昏義上曾說：

『天子修男教，父道也；后修女順，母道也。故曰天子之與后猶父之與母也。故為天王服斬衰服父之義也；為后服資衰，服母之義也。』

春秋公羊傳也說：

『女在其國稱女，此其稱王后何？王者無外，其辭成矣。』

是王后除過天子外，誰都要尊敬她，好像女子在社會上的地位亦未見得全低，其實不然，這還是婦人不能自立的結果，而以男子底尊榮為尊榮，地位高正其是不高，未便藉這個來恭維上古底女子的。

依同理，我們看見論語上說：

『邦君之妻……邦人稱之曰君夫人。』(季路章)

並由坊記上證明出在陽侯殺繆侯以前，夫人更參與大饗之禮(註三十七)，是女子底地位也有高的時候，但這乃是夫人地位高，不是女子地位高，因爲夫人地位所以在這種情形上高起來，還是從夫底爵底緣故，歸根談來只能算是相對的，而非絕對的，怎好替她仍來貼金呢?

(4)女摯甚微　除過以上的證明外，我們從女子所執底摯上，也可以看出女子不能和男子平等的。原來在古代，人與人初見面，執有一種禮物，就是現在所叫做的見面禮。因爲社會上有階級底關係，男子底摯便有玉帛禽鳥底分別；女子不惟難從男子的摯，更且限於不貴重的東西。雖說有女子無財產的原因在裏頭，但已顯然把女子看得不值什麼(註三十八)。所以：

『婦人之摯：椇，榛，脯，脩，棗，栗。』(曲禮)

而『質明贄見婦於舅姑，……婦執笲棗栗自門入，』實在是正當的辦法。若是不照這樣，便算失禮，如春秋上，莊公二十四年『夫人姜氏入，戊寅大夫宗婦覿用幣，』是男女同贄，婦人失去用榛栗棗脩底成法，三傳都不以爲然(註三十九)，可見其限制的嚴厲了。這樣禮法或是出於婦女無蓄產底觀念底結果，然而女子不得與男子平等，卻是昭然若揭了。

據以上的說明，我們知道古代女子在社會上底地位是很微很微的。即就有時候社會上對於女子好像是尊視，然也非本來觀念釀成的。如

『凡燕食，婦人不徹。』

表面上確似體恤女子，其實仍不外認爲女子『弱不勝事，』而存有一種狎玩底心思，或甚以女子不得參與男子底職務而然。但這端總算是尊視女子底一點表現，除此再也沒有什麼例了。

(乙)女子在家族中的地位

女子在家族中的地位，可說純然受的是婚姻底影響。固然了，女子在社會上的地位高低常是女子在家族中的地位高低一種原由，但不經過婚姻程序，妻妾底地位無由取得，又有什麼高低可言？而況因婚姻底結果，因主名底關係，女子在相對的情形以下，也未見得她的地位全是低，這一端更不能不承認是出於婚姻的了。如今分開來說：

(一)因普遍原則而處在較底地位。 女子在家庭中的位置，不管受着社會上輕視女子底影響，或受着婚姻本身底影響，而女子底位置總是低的。但比較起來，妻底地位對着丈夫在實際上算是低了，若是與妾同視，卻又不可。因爲妾是更低於妻，所以我在前邊曾說中國沒有一夫多妻制，只

有多妾制，就是這個原因。那麼，我們討論這端，須得把妻妾分開，免得有所混視。

(1)妻底地位　要談妻底地位當分爲理論與事實兩端而說，因爲理論是空的，誰都可在這裏唱起高調，確是不足代表實在底情形。照理論上說起夫與妻不外匹配底關係，實無軒輊在乎其間。所以

「君子好逑。」（周南關雎章）

就是表明良匹底意思。夫妻二人名分既相差不遠，把他們倆合稱起來便叫做「伉儷」，左傳上

「已不能庇其伉儷而亡之。」（成十一）「伉儷者言其相敵之匹偶。」（疏）

是妻在名義上絕乎不是低於夫的。這且不言，就拿「妻」之一字說，據說文上「妻與己齊者也，」及禮記上「一與之齊」各語，可知妻本來就和夫是同肩並等。那麼：

「共牢而食，同尊卑也。」

都算平行共等底表現，怎麼就像實際上把妻看得那麼低微！不過有人就說妻是古來庶人底老婆子底名稱，其他階級或者不是這樣。錯了！庶人底老婆叫做妻是一種意思，其他階級把正式太太通叫做妻，又是一種意思，詩經邶風上「士如歸妻，迨冰未泮。」是妻底名稱，不限於庶人，可見一斑，而

正式太太和丈夫是對等的，更易明白了。再要說起來妻不特與夫是對等，夫還得對妻有相當底敬意。如

『邦君之妻君稱之曰夫人，』（論語季路章）

稱其職位便是不敢以妻室相待了。而哀公問上更說得顯然：

『昔三代明王之政，必敬其妻子也有道，妻也者，親之主也，敢不敬與。』

那麼，她死以後，丈夫這份敬意依然要是保存着，還就

『生曰妻，死曰嬪』（曲禮）

所謂『嬪者婦人之美稱，嬪猶賓也，夫所賓敬也。』（陳註）果眞把這種觀念引用到實際上，夫妻間還有什麼不平等底事情，而社會上待遇女子，或者因此還要受影響，自古卽解放起婦女也不可知。

無如在實際上妻總要是比夫底地位低，理論上底平等也只是一句空話，不能用來斷定女子處在妻底地位是不低的，那麼，妻底地位比較夫低有什麼證據呢？不外：

（a）婚儀上的證明　因爲妻底地位低於夫，聯起『兄弟』來，女家總立在服從底方面，而不敢有所主張的。我們不必找別的證據，就拿士昏禮上的昏辭看來，便可知道了，昏辭上說：

『「吾子有惠貺室某也，某（父名）有先人之禮，使某也（使者名）請納采。」對曰：「某之子惷愚，又弗能教，吾子命之，某不敢辭。」致命曰：「敢納采。」問名曰：「某既受命，將加諸卜，敢請女爲誰氏？」對曰：「吾子有命，且以備數而擇之，某不敢辭。」……納吉曰：「吾子有貺命，某加諸卜，占曰吉，使某也敢告。」對曰：「某之子不教，惟恐弗堪，子有吉，我與在，某不敢辭。」納徵曰：「吾子有嘉命貺室某也，某有先人之禮，儷皮束帛，使某也請納徵。」對曰：「吾子順先典，貺某重禮，某不敢辭，敢不承命。」請期曰：「吾子有賜命，某既申受命矣，惟是三族之不虞，使某也請吉日。」對曰：「某既前受命矣，唯命是聽。」曰：「其命某聽命於吾子。」對曰：「某固唯命是聽。」』

女底父對男家使者所說的話，無非是些『不敢』『敢不』和『是聽』底惶恐語調。女家對男家這樣地循順，實在是夫貴妻賤底結果，倒不必給那時這短處遮藏起來。

(b)稱謂上的證明　妻底名義尚不甚低，然而實際用起來只有老百姓稱妻，以外各有特別的稱謂，這裏頭就現出妻低於夫底色彩。如曲禮上說：

『天子之妃曰后，諸侯曰夫人，大夫曰孺人，士曰婦人，庶人曰妻；……夫人自稱於天子曰老婦；自稱於諸侯曰寡小君，自稱於其君曰小童；自世婦以下自稱曰婢子。』

這樣的稱呼，好像沒有深意藏在其中。但要按字義說起來，除過稱妻以外，都是下夫一等的稱法。怎見得？鄭註上『妃配也；后之言後也；夫之言扶也；孺之言屬也；婦之言服也；妻之言齊也。』說得何等明白！如再不信，後來劉熙釋名上也曾解釋道：

『天子之妃曰后；后，後也，言在後不敢以副言也。諸侯之妃曰夫人；夫，扶也，扶助其君也。卿之妃曰內子；子，女子也，在閨門之內治家也。大夫之妃曰命婦；婦，服也，服家事也；夫受命於朝，妻受命於家也。士庶人曰妻；妻，齊也，夫賤不足以尊稱，故齊等言也。』

雖其所說的稱法與曲禮上不盡相合，然除『妻』外，其他總都是含着低微底意義，倒可看出的。若更詳細地說來，(1)后就是『言其後於天子，亦已廣後胤也』(曲禮疏)。不過這種稱法，實是周時的制度，『商以前皆曰妃，周始立后，嫡曰王后』(白虎通)按說文上『妃匹也。』是和『妻』有同樣意義，可見商前妻對於夫，其地位尚不像周時的低微！(2)夫人就是『言能扶成人君之德』(鄭玄註)，當其獻繭於天子，助祭於王后時候，自稱爲老婦；諸侯相饗時，自稱爲寡小君(曲禮疏)；倒都和這裏所說的沒有什麼關係，可是自稱於其君，便叫做『小童』，雖說是自謙之辭，卻也看出是低於其夫了。(3)內子底稱法不僅見於釋名上，左傳『有以叔隗爲內子而已下之』是周時卿之妃確是這樣稱法。這樣稱謂是把女人只看就家門以內底東西，而要隨夫底支配，於是伸其意又把妻妾合稱爲『內人』『好內』底名辭也就出於這裏（註四十）妻更和妾打在一起了。（4）孺人就是『言屬於夫不敢自專也。』（曲禮註）又按爾雅釋言上『孺，屬也，』是妻屬於夫已稱通論，不必再解釋的。（5）婦人就是說是服於人底人，這不特是士妻底稱法，也好像是一種普通的。按說文上『婦服也。』爾雅釋親上：

『女子已嫁曰婦，婦之言服也，服事於夫也。』

都可看出。或者又解釋爲『以禮屈服，』（白虎通）但婦人總是要低於其夫，無論如何解釋卻是不能變更的。以上不過就女子在通婚後底稱謂來證明女子底地位低。

此外就女子在婚後稱呼男子，或男子因對待女子而有底稱謂，也可證明出妻子底地位低。我們知道古今稱男女有婚姻底關係時不是什麽『夫婦』便是什麽『夫妻』。這夫底意思究竟是什麽？禮記郊特牲上說：

『夫也者，以知帥人者也。』

是公然承認夫是妻底上司了。所以當時社會上稱呼先生長者叫做『夫子，』婦人也就把夫叫做

「夫子」了。孟子上：

「無違夫子」

便是明證。無非是夫尊於妻，纔有這樣稱呼。並且因爲「夫有傅相之德而可倚仗」（詩註）又有「丈夫」底稱謂而男子普通被叫做「丈夫」或「丈夫子」（註四十二）。也不外由輕視女子發生出的。夫不特在所謂才能上抬高他的地位，即就在無意識的尊嚴上更是要超過妻的。我看見楚辭上有話：

「思夫君兮太息，思夫君兮，未來。」

是妻稱起夫來，又有「夫君」底名辭，夫以君名，可證明其威嚴了。這還不算，等到夫死以後，更有極尊的稱呼。曲禮及其註上說：

「祭夫曰皇辟」（註）「皇以君之稱尊之也，辟法也，妻所法式也。」

夫對於妻何等厲害，只此名稱便可看得一斑！

（c）禮法上的證明。妻和夫相等純是理論上的主張，我們倒是知道，其實也只是限於這樣罷了。理論上卻也並不見得全是抬高妻底身分，所以談起禮法來，妻仍是要下夫一等的，禮記郊特牲上：

「出乎大門，而先男帥女女從男，夫婦之義由此始也，婦人從人者也，幼從父兄，嫁從夫，夫死從子。」

是『嫁從夫，』可說天經地義，絕對不能更改，因而：

『婦人無爵從夫之爵，坐以夫之齒。』（郊特牲）

其地位縱抬至如何樣地高，卻不能超過其夫，實爲公認的禮法。於是乎就發生出兩種現象：

第一種現象是『貴不敵尊，』女子就無論生在皇宮六院，嫁出門去便要受夫底命令，而不能在夫前賣自己底出身。詩召南何彼襛矣章序說：

『何彼襛矣美王姬也。雖則王姬，亦下嫁於諸侯，車服不繫其夫，下王后一等；猶執婦道以成肅雝之德也。』

以王姬底尊貴，能執婦道，纔合禮法，無非因爲夫尊於妻，妻自然應當貶其原有底貴了，那麼堯

『釐降二女於嬀汭，嬪於虞，帝曰，「欽哉」』（尚書堯典）

使其二女往事舜，而戒之曰欽哉。舜雖匹夫，既發生婚姻關係，就是帝女也不能不敬治其婦道的。

第二種現象是『親不敵尊，』母對子女總算是親到萬分，論道理應該極端尊敬她纔是。但是和父比較起來，總是有所差等。表記上說：

『母親而不尊，父尊而不親。』

是父在家中立於極尊底地位，雖母亦不敢抗敵起來（註四十二），可見夫是高過妻的。這便該成親不敵尊底事實。

(d)服制上的證明。 最給我們以明顯的證據的，就是從喪服底差等上，不管用正看，反看，旁看等等方法，都可推知妻是低於夫的了。

第一種用正看底方法說： 妻對於夫底喪服很重，夫對於妻底喪服卻就很輕。儀禮喪服上『斬衰……妻為夫，傳曰，「夫至尊也。」』是夫以尊貴的身分，讓妻給他服起頂重的喪服，如同他給他父所服似的。但喪服上又說『疏衰……期……妻傳曰：「為妻，何以期也？妻至親也。」』是妻因至親的關係，纔討得夫有所服，然而僅僅一個『期』服，妻未免太不合算！社會上視為當然，不外妻底地位公認是低的了。還有一個證據，就是父因為『正體於上，又乃將所傳重也，』乃為長子服斬衰三年，這本是宗法制度底結果，與婚姻沒有什麼關係；然而『父之所不降，母亦不敢降也，』雖說是『疏衰』依樣要服三年（喪服）的。其實父系制度下，妻既不是傳宗底分子，爲長子有什麼喪服，而還得要服三年疏衰；就是因夫有服，她卻不敢不有服，越發可知妻底地位了。他如婦爲舅姑服『期』一年，這是從丈夫而有服，夫爲妻之父母服緦麻三月，這是從妻子而有服，但一年與三月相差有多們遠，（喪服）反正總是妻喫虧，便宜絕占不到她跟前去。

第二種用反看底方法說：夫妻服起他人的喪來，或是互相服起喪來，本服是妻重夫輕，從服是夫輕妻重，甚或夫因別的緣故有服，而妻更連帶要有服喪底義務，這是我們知道了。依同例別人爲他們倆服起喪來，也因他們倆身分有差，服制就有分別，倒一樣可找出許多證據。喪服上說兒子給父親服斬衰三年，傳上說是『父至尊也』底緣故。所以母親底服就輕於父，當父在的時候，簡直給她連疏衰三年還不能服，僅僅服一個『疏衰期，』其理由不外子夏傳上說：

『何以期也屈也，至尊在，不敢伸其私尊也。』

和所謂：

『資於事父以事母而愛同，天無二日，士無二王，國無二君，家無二尊，以一治之也。故父在爲母齊衰期者，見無二尊也。』

的緣故。其他若喪服小記上所說：

『祖父卒而后爲祖母後者（適孫無父）三年』

是祖父在就不能爲祖母服喪三年，和父親死後纔能給母親服三年疏衰，爲同樣底事體。不獨這個，父卒以後，『繼母如母，』『慈母如母』（註四十三）卻要給她們服三年疏衰，所謂尊父底命，所謂重父的配，正是顯出因爲私尊不能壓倒至尊妻底地位更不言可喻了。那麼

『出妻之子爲父後者（適子）則爲出母無服』（喪服）

無非『與尊者爲一體，不敢服其私親』（傳）。那麼，由這種制度上，更可證明她的地位低，不必再說。

第三種用旁看底方法說：什麼叫做旁看？就是女子常因要從夫家底喪服，而奪其母家親服底重視。這也是夫尊妻卑底結果；不然，女子既因婚姻關係變更她原有底服制，男子對於他的父母爲什麼不因這端而變更起來？按喪服上說：

『女子子在室爲父布總箭笄，髽衰三年』

是和男子爲其父斬衰三年相同。但因適人以後爲夫要服斬衰三年，便減輕其父底服而爲『期』。其理由仍不外傳上說：

『爲父何以期也？婦人不貳斬也。婦人不貳斬者，何也？婦人有三從之義，無專用之道，故未嫁從父，夫死從子。故父者子之天也；夫者，妻之天也；婦人不貳斬者，猶曰不貳天也，婦人不能貳尊也。』

夫底尊貴何等厲害！那麼，婦一旦被出而歸，與夫族絕，是和未嫁相等，給她的父親服喪，卻又返到原始的情形。如喪服上說：

『子嫁，反在父之室，爲父三年。』

實是自然應有的文章。不過這裏頭卻有個分講是：

『爲父母喪未練（小祥前）而出，則三年；旣練而出，則已。未練而反，則期；旣練而反，則遂之。』（喪服小記）

還特是對於事變底對付，我們倒不必深考究他，但要知道的是女子不有夫，給她的父更要服三年底喪，一經有夫，就不能貳斬，只好把自己生身底老頭子的喪降起來，而在丈夫前裝孝子了。

關於妻底地位比較大低，證據可找出者甚多，如前所述，特其著者，其他若奔父母底喪的不同（註四十四），有出妻而無『出夫』，都可供給我們考證上的材料，我也不必多談，僅就此告個結束罷了。

（2）妾底地位。 妻底地位是低了，但與妾比較起來，妾更是底到深谷裏了。有人說妻對夫底身分是隸屬底關係。妾對夫底身分是所有物底關係。這話用在我國古代，誠然不算都是這樣，如天子底六宮，不必皆一味認成天子底所有物，然妾總是低於妻，而對於夫更是不敢像妻有時在名義上尙能以伉儷自居的。我們要考她的地位，實際是怎麼樣？不可不先看妾的階級是如何而作成。

原來古人通婚最重婚儀，明媒正娶，纔爲正室；若是不經過所預定的婚姻程序，都算爲非正式的婚姻，於是便造就妾底階級。不過欲說明古代妾底階級，首須知道妾與奴婢非出於一源。周禮上『女奚』一條，特是劉歆文姦以欺王莽，並不是妾爲有罪者而纔這樣的。雖然說文上『妾字從辛，女之有罪者爲人妾』但說文中的妾字是秦篆，實非古篆，可知有罪爲妾，乃秦漢底事情，不是古代的現象，卽有也是在周末時代，所以我便丟開不談。那是古代妾底階級作成是怎樣？大約不出三種。那三種：

第一種『奔而妾者』 內則上曾說及『奔則爲妾，』是『聞名而趨，不及六禮，故謂之奔。』由這種出身來給人作老婆，當然不能和妻立在一列，因爲正式的婚姻必要經過『六禮』底程序的。

第二種「買而妾者」曲禮上「買妾不知其姓則卜之，」這確是把妾當作所有物看待，便公然稱其爲買。而且奔而妾者，不必有妻底存在，惟買而妾者大都已有妻室，買妾不過認爲給自己添一種物品上底利用能了。

第三種「媵而妾者」這是貴族階級中特有的現象。因爲他們一娶數女，只有一女是爲夫家行六禮底目的，其餘都是緣此女而來，未曾正式經過六禮底程序，便算就妾。周易說卦上「兌爲妾，」蔡節齋氏說「少女從姊爲娣，故曰妾」是姪娣實是妾了。再上至於諸侯底「媵」何莫非妾？春秋上載着一段事情，「僖公八年秋七月，禘（三年大祭）於太廟（周公廟）用致（致新死之主於廟而列之昭穆）夫人。」便是譏其以媵爲妻。原來「魯僖本聘楚女爲嫡，齊女爲媵，齊先致其女，僖公用爲嫡，是違反媵則爲妾底原則。」所以公羊傳上就說：

「秋七月，禘於太廟，用致夫人。用者何？用者不宜用也。致者何？致者不宜致也。禘用致夫人，非禮也。夫人不稱姜氏，貶。曷爲貶？譏以妾爲妻也。其言以妾爲妻奈何？蓋脅於齊，媵女之先至者也。」

這就是「媵而妾者」底明證。妾底來源既是這樣，不經過一定婚姻底程序，地位自然是不能高的。

我們如今再就原則方面與事實方面而證明其地位底。

(a)原則方面。 妻稱夫爲夫君，尙有夫字底冠辭，還和婚姻底關係有相干，妾便不然，簡直不能把壻稱夫，只能稱君。喪服上：

「妾爲君」

是妻爲壻服喪三年，不外「夫至尊也，」妾則「君至尊也，」好像沒有婚姻底事實似的。其地位低更是不堪言談。她對於壻只負着「以時接見」底義務，而壻對她也很下賤視的，「君不撫僕妾」(雜記，)居然成爲通行的制度。她死以後，就算死了，並不像妻還有「嬪」底尊稱，而且在「祔祭」底時日「其妻祔於諸祖姑，妾祔於妾祖姑，」「無妾祖姑者易牲而祔於女君可也」(喪服小記。)或者如雜記上所說「無妾祖姑則(亦)從其昭穆之妾」(註四十五)反正生前爲妾，死後也是不能抬高地位的。

妾底地位低於夫自不用說，最不平處，她的地位是更低於妻。在前面已略說過，她既稱壻爲君，而因爲妻有時在名義上與夫敵體，並又稱妻爲「女君。」劉熙釋名上釋親屬裏曾說「妾謂夫之嫡妻曰女君，夫爲男君，故名其妻曰女君也。」是妻對妾公然當起君來。並且有時妾又稱壻爲「主父,』於是連帶稱妻爲『主田,』如戰國策上上塞地方有一個妾,見妻要害殺其夫,命妾酌藥酒而進之。妾慮曰:『吾以此飲吾主父,則殺吾主父;以此事告吾主父,則逐吾主母。』是『主父』『主母』底名稱依然是妾稱壻與妻而用的,以妻爲主母,妻比較妾又是何等身分!

再說到服制上還是顯出妻比妾底地位高。女君對妾原沒有服,而妾對女君,依喪服上卻要服不杖期服:

『何以期也?妾之事女君,與婦之事舅姑等。』(傳)

宜乎妾要吃虧不單這個。

『女君死,則妾爲女君之黨服。』

女君眞是除過夫外,就推她大然而妾卻跌到十八層地獄中了!

(b)事實方面。古代對援子爲貴底事實極端反對,如『庶子爲君,爲其母無服,』就是『不願貳君者也。』春秋上『文公四年……夫人風氏薨』『宣公八年……夫人嬴氏薨』因爲風嬴皆是妾,而竟因子貴得爲夫人,實爲變例,所以就大書而特書在春秋上,以明其非。慢說這個,卽就元妃死後,次妃攝治內事也是不敢稱夫人,只能叫做繼室。左傳上:

「惠公元妃孟子。孟子卒，繼室以聲子，生隱公。」

便不難看出這種趨勢。那麽妾當然要在夫人以下，若上僭就算不正當的現象，無怪衛莊姜因失其位，便有「綠衣黃裏」底感嘆了！（衛風綠衣）（註四十六）

不過妾底地位雖然在大體上低到萬分可說無以復加，而在特別的情形中，尙不免有相對抬高底時候。如曲禮上說：

「國君不名卿老世婦，大夫不名世臣姪娣，士不名家相長妾。」

世婦雖非妻，而貴於諸妾，國君便不名了。姪娣雖亦是妾，大夫也不能名的。妾生有兒子，乃爲長妾，士更不應名她。又如喪服上說：

「女君死則妾爲女君之黨服，攝女君，則不爲女君之黨服。」

是妾在攝位時候，地位便比平常高了一層，所以女君死，就不爲女君之黨服爽。然而像這樣地抬高，並非根本重視妾，特是比較上的觀察。那麽妾底地位依然在深谷中，並未受這樣抬高地位的何等影響。

（二）因主名關係而處在較高底地位。 這一端說到積極方面，可認爲完全受了婚姻底影響，纔有如是的結果。原來古代女子在社會上既沒有獨立的人格，都是隨夫貴隨夫賤，其在家中的地位，因當時重視宗法制度，這個分位輩數，更是不能含忽的，請看禮記大傳上說：

「同姓從宗合族屬，異姓主名治際會，名著而男女有別。其夫屬於父道者，妻皆母道也；其夫屬乎子道者，妻皆婦道也。謂弟之妻婦者，是嫂亦可謂之母乎？名者人治之大者也，可不愼乎。」

那麽夫若爲父行，便主母名；夫若爲子行，便主婦名。母底地位當然高，婦底地位當然低，這就有了上下底分別，而女子在家族中的地位，從相對的方面看來，就有高的時候了。我們可以具體說出的，不外：

（1）姑底地位，　姑是從主父名而得到這樣底地位，所以婦施與的尊敬與舅相差就不太遠，舅姑相連稱叫，也就是這個緣故。婦人對於他們倆，總得極端推崇，所以：

「婦人不飾，不敢見舅姑」（檀弓）

「婦事舅姑，如事父母」（內則）

這就可看出姑主父名而處於母道地位，比婦高得多；內則上更有一大段話，可以想見姑因舅而對於婦還有極厲害底威權。不妨抄到這裏，免得我再另說。原文是：

「凡婦不命適私室，不敢退。婦將有事，大小必請於舅姑。子婦無私貨，無私畜，無私器。不敢私假，不敢私與。婦或賜之飲食衣服布帛佩帨茝蘭，則受而獻諸舅姑，舅姑受之則喜，如新受賜，若反賜之，則辭，不得命，如更受賜，藏以待乏。婦若有私親兄弟將與之，則必復請其故，賜而后與之。」曾子婦地位的低，正是表現出姑底地位高了。

(2)宗婦底地位。 古代既是宗法社會，所以大宗長婦底地位，也因主名關係而比較得高。這不特勝過同宗中的稚婦，並對於適子庶子也是一樣。內則上說：

「適子庶子祗事宗子宗婦」

她的地位，與和王后在社會上的地位相同！原來『宗子領宗男於外，宗婦領宗女於內』(禮記曾子問註)，所以：

『宗子雖七十，無無主婦。非宗子，雖無主婦可也。』(曾子問)

是宗婦在同宗中底名義，除宗子外，簡直沒有人比得上，而且也要不可缺少，故宗子雖七十之年猶必再娶，可以知其在同宗中的尊貴了。其他如『適子庶子——雖富貴不敢以富貴入宗子之家，惟衆車徒舍於外，以寡約入』等等事情，雖說屬於宗法制度底研究，也可反證出女子嫁與宗子爲妻，其地位便連帶地抬高起來了。

(3)冢婦底地位。　姑底地位是高於子婦，宗婦底地位是高於小宗衆婦，然在子婦與小宗衆婦底中間，冢婦底地位又比她以下底衆婦是高了。冢婦是什麼？就是『嫡長子婦』，姑傳家事與她。所以她就居有較高的地位。內則上有話：

『舅沒則姑老，冢婦所祭祀賓客，每事必請於姑，介婦請於冢婦，…舅姑若使介婦，毋敢敵耦於冢婦，不敢並行，不敢並命，不敢並坐。』

介婦就是衆婦，對冢婦既有種種禮節，冢婦在她們跟前的地位，便可想而知。

(4)主婦底地位。　主婦就是正室底意思；與之相反者就是妾。她底地位在妾跟前當然高得多，說已見前，這裏從略。

不過這話又要說回來，她們雖然有較高底地位，仍然不外出於主名底關係，只算得到一種片面的地位的高仍舊是不能脫離男子支配的範圍，所以這樣的地位高無非出於相對的情形罷了。

……………………………………

總而言之古代女子底地位就大體上看來，終不免一個低字。我如今再簡單地舉出幾個證據以作本章結論。

大抵在那時的社會上，都把女子都看作是一種不可理喻底東西，是一種卑賤的東西，是一種難對付的東西論語上說得明白：

「唯女子與小人爲難養也，近之則不遜，遠之則怨。」

這樣一來，女子還有什麼人格可說因而左傳上就講：

「婦德無極，婦怨無終。」（僖二十四）

是認定「婦女之志，近之則不知止，遠之則忿怨無已，」無怪乎詩經上：

「匪教匪誨，時維婦寺，」

所以婦人與宦官並稱起來。這就是女子在社會上的實在情形，

再談到家族方面，女子同樣不能受較好的對待，自始至終，是要處在男子底勢力下邊，外事外物，概都不能治理，所以周易家人彖上便說：

「家人，女正位乎內，男正位乎外，男女正，天地之大義也。」

若是女子要在家中大出風頭，就彷彿母雞司晨，大反其常，尚書牧誓上有話：

王曰：「古人有言曰：「牝雞無晨。」牝雞之晨，惟家之索。(索然而盡。)」

就是這個意思。原來他們主張的是：

「家人嗃嗃，悔厲，吉；婦子嘻嘻，終吝。」(周易，家人)

婦子嘻嘻，便失去家教，男子底威儀，就得受有挫折，自然是不許她來這一套，然而女子在家族中的地位，又可想見了。

至於『影響』，究竟是婚姻底果，或婚姻底因，那我們總須得完全考查了中國古代的社會現象，才能有個確切的答覆。但是即就考查出來，恐怕也很複雜，不能簡單地說他是因或是果了。

【註三十五】家語：『女子者，順男子之教而長其禮者也。是故無專制之義，有三從之道，幼從父兄，既嫁從夫，夫死從子，言無再醮之端，教令不出於閨門，事在共酒食而已，無閫外之儀也。』

【註三十六】喪服小記註：『婦人銘，則書姓及伯仲，此或亦是殷以上之制，如周則必書夫人也。姓如魯是姬姓，後三家各自稱氏，所謂氏也。殷以前，六世之外，則相與爲婚，故婦人有不知姓者，周不然矣。』

【註三十七】禮記坊記：『子云：「禮非祭男女不交爵，以此坊民，陽侯猶殺繆侯而竊其夫人，故大饗廢夫人之禮。」』

【註三十八】禮記曲禮『婦人之摯，椇，榛，脯，脩，棗栗。』註『婦初見舅姑，以此爲贄。左傳：「女贄不過榛，栗，棗，脩，以告虔也。」』

【註三十九】春秋『莊公二十有四年，秋八月丁丑，夫人姜氏入。戊寅，大夫宗婦覿用幣。』(1)左傳『秋，哀姜至，公使宗婦覿用幣，非禮也。御孫曰：「男贄，大者玉帛，小者禽鳥，以章物也。女贄不過榛，栗，棗，脩，以告虔也。今男女同贄，是無別也。男女之別，國之大節也，而由夫人亂之，無乃不可乎。」』

(2)公羊傳：『宗婦者何？大夫之妻也。覿者何？見也。用者何？用者，不宜用也。見用幣，非禮也。然則曷用？棗栗云乎！鍛脩云乎！』

(3)穀梁傳『覿見也，禮。大夫不見夫人，不言，及不正其行婦道，故列數之也。男子之贄，羔鴈雉腒；婦人之贄，棗栗鍛脩；用幣，非禮也。用者，不宜用者也。大夫國體也，而行婦道，惡之，故謹而日之也。』

【註四十】(1)禮記:『公父文伯之喪，內人皆行哭失聲。』註『內人妻妾也。』

(2)左傳:『齊侯好內，多內寵。』

【註四十一】(1)『孟子:彼丈夫也，我丈夫也。』

(2)戰國策:『非特不愛子也，又不愛丈夫子獨甚。』

【註四十二】表記:『今父之親子也親賢而下無能;母之親子也，賢則親之，無能則憐之。母親而不尊;父尊而不親。水之於民也，親而不尊;火尊而不親。土之於民也，親而不尊;天尊而不親。命之於民也，親而不尊;鬼尊而不親。』

【註四十三】儀禮喪服:『繼母如母。傳曰:「繼母何以如母?繼母之配父，與母同，故孝子不敢殊也。」慈母如母。傳曰:「慈母者何也?」傳曰:「妾之無子者，妾子之無母者，父命妾曰，女以爲子，命子曰女以爲母，若是則生養之，終其身如母，死則喪之三年如母，貴父之命也。」』

【註四十四】喪服小記:『奔父之喪，括髮於堂上，袒降踊，襲絰於東方。奔母之喪，不括髮，袒於堂上，降踊，襲免於東方。』

【註四十五】雜記:『妾附於妾祖姑，無妾祖姑，則亦從其昭穆之妾。』

【註四十六】詩邶風綠衣序『綠衣，衞莊姜傷己也。妾上僭，夫人失位，而作是詩也。』文曰：『綠兮衣兮，綠衣黃裏；心之憂矣，曷維其已。綠兮衣兮，綠衣黃裳；心之憂矣，曷維其亡。』

第八章　婚姻底關係

男女因六禮底而告成，發生夫妻底關係；而此關係上底基本觀念不外男女兩方面，各負有一種責任，卽妻對於夫應當如何，夫對於妻應當如何。我們在以上諸章中不難找出這樣證據。除去這端，並因婚姻底成立爲家族存在底基礎，這又發生出親族任務底問題來，也可說是由有婚姻底關係而說這樣的。

其在他方面，更因爲要維持這種關係不致於受意外的影響，或促進這種關係越發遂到鞏固的地位，又有所謂『隔離』底事情出現了。換句話說，一面因爲婚姻底關係而各個人間相互地卻發生許多義務，一面因婚姻底關係而各個人間絕對地應遵守許多禁例，就是這一章所要敍述的了。

(甲)因婚姻關係而有的義務

婚姻無論出於父系或母系，大都承認兩方面底關係，我國古代婚姻自然不能外是。我們從當時的稱謂上，服制上，習慣上，都可看出這種趨勢，如今把他寫在下面：

（一）稱謂上的考究。爾雅釋親上除過宗族一段是着重在宗法底關係外，其餘所謂母黨妻黨婚姻三段，莫不是代表婚姻底關係，纔有各樣的稱呼。如女子嫁與夫家，稱夫之父曰舅，夫之母曰姑，夫之兄爲兄公，夫之弟爲叔，因稱呼有別，對其人所負底責任也就有異。原來『舅者，久也，久老稱也。姑亦言故也。』（釋名）所以『婦事舅姑，如事父母』起來了。『夫之兄曰公，公君也，君尊稱也。』（釋名）這就得對兄公而尊敬的。『叔少也，幼者稱也。』這就不像對兄公那樣尊敬了。再統括說來，你既把我稱呼一定的名辭，我又把你稱呼一定的字號，你我之間，便各負有一種公認底責任。就像紀叔姬因紀亡而歸於叔，叔是否應養嫂，雖沒有明文載記，但這實算是因稱叔底關係而生出的當然結果。

反過來在男子方面，一樣是承認妻底親族底關係，普通叫做內親。是如稱『妻之父爲外舅，妻之母爲外姑，』所以要加個外字在上邊的意思，不外『她以我父爲舅，我亦從而舅之，懼其同於母黨也，故別曰外舅；她以我母爲姑，我亦從而姑之，懼其同於父黨也，我故別曰外姑』（參看汪堯峯所說）更上而承認母底親戚底關係，如稱『母之考爲外王父，母之妣爲外王母，母之昆弟爲舅，母之姊妹爲從母。』更旁而承認諸姑姊妹等底親族關係，如稱『姑之子爲甥，妻之罤爲甥，姊妹之夫爲甥，姊妹之子爲出』這兩端普通叫做外親彼此間依然各負有相當的任務的。

慢說是男女本身上因婚姻關係而與他一方面的親戚發生任務底問題，即在兩方面裏的親族裏也因爲婚姻底關係而生出瓜葛便成就所謂親戚底存在。如『婦之父母，壻之父母，相謂爲婚姻；兩壻相謂爲亞』（爾雅）因有這種種稱謂當然不能像與路人一樣關於這端，我們最好是拿爾雅釋親看一遍自可暸然多了？（註四十七）

（二）服制上的考究。服制是什麼？就是代表婚姻關係的了。原來因婚姻底事實而成立爲家族，族具有宗教底性質，有祀堂而即有服制的。不過這還是就大體上說起，尙不容易看出婚姻是承認兩方面的關係，最要注意的就是所謂『從服』了。大傳上說：

『服術有六一曰親親，二曰尊尊，三曰名，四曰出入，五曰長幼，六曰從服。』

從服是導因婚姻底事實發生，纔落得這樣。換句話說，就是因各個人間受婚姻底影響，而負有一種相當的任務，便用服服代表起來，所以大傳上接着說：

『從服有六，有屬從，有徒從，有從有服而無服，有從無服而有服，有從重而輕，有從輕而重。』

各個人間的任務既不同，服制便分出六等，如喪服小記上說：

「從服者所從亡則已，屬從者（疏屬者骨肉連續以爲親也）所從雖沒，也服。」

屬從是骨肉連續以爲親，各個人間的任務比較親大，因而所從雖沒，而關係依舊如先，纔得繼續服服。那麽『子從母服母之黨，妻從夫服夫之黨，夫從妻服妻之黨，此三從雖沒猶從之服其親也』（註）反過來『從服』就是『徒從』底意思，因爲所從者對某人服喪，自己總有服，也可說他對某人底關係完全是間接的，所從者一死，這關係便歸消滅。那麽除過『女君死妾爲女君之黨服』以外，如『子從母服於母之君母（母之適母，非生母），妾母爲君母之黨服。所從既亡，則止而不服。』便不難看出他們相互間關係底薄弱了。再論到從服底有無與輕重問題上，也可證明出他們相互間所負的任務底大小。如禮記服問上說：

『傳曰「有從輕而重」公子（妾之子）之妻爲其皇姑（妾）；「有從重而輕」爲妻之父母；「有從無服而有服」公子之妻爲公子之外兄弟；「有從有服而無服」公子爲其妻之父母。』

原來諸侯在，尊厭妾子，便爲母練冠；諸侯沒，妾子得爲母服大功，而公子之妻，對於皇姑所負的義務，不因諸侯存沒所變遷，便始終服『期』了。妻對於夫底父母所負底義務，比較夫對妻底父母所負底義務大，妻便服齊衰而夫便服緦麻了。公子被厭不服己母之外家，妻因公子而與其外家發生關係，便從公子給其外祖父母從母服緦麻了。妻爲其父母有服，而公子却不因妻與內親發生關係，便不服服了。關於最後兩端，又如妻爲夫之昆弟無服而服娣姒，便是從無服而有服，就發生任務問題了。如弟對兄有服而對嫂無服，便是從有服而無服，無服就斷絕任務關係了。

此外從服制上讓我們看出婚姻底關係，還要推遇見「出」底事情，最爲明顯。如妻子已出，是和男家斷絕婚姻關係，彼此間便不負相當的任務，除過子爲母服期外，一切服制都取消了。即就說到「子」上，也是除去爲父後者，「爲父後者爲出母無服，無服也者，喪者不祭也。」（喪服小記）所以子思之出母死於衞，子思跑到孔家底廟裏去哭，門人就說「庶氏底母親死了，爲什麼要在孔氏底廟裏哭？」子思只得說是「我錯了。」就是婚姻關係一斷，簡直他要成了路人似的（檀弓）。又如妾因女君底關係，他便隨女君爲君之長子服，若是妾從女君而出，女君對於夫家在正面上已不負何樣的任務，妾更是離開幾千步遠，所以也就不從女君爲其子服了。（均見喪服小記。）

（乙）因婚姻關係而有的禁例

美國有一個社會學家說「關於社會上男女底禁例常和關於性慾底禁例相連，」這話很有多半底可靠。因爲世界上旣不公認有離婚制，婚姻非經一定的程序不能成就，要是沒有這種禁例，男女便容易相會合了。不過除過原於性慾底禁例以外，還有其他非由於性慾底例禁而有的禁例，也不在少數，我們便分開來說。

(一)完全與性慾底禁例有關的禁例。　這一種禁例底發生，可說純然是爲防止男女越『禮』相求而必須有別；倘若『無別無義』便成『禽獸之道』(郊特牲)所以樂記上說：

『男女無辨則亂升』

這不是要做到男女有別這一套嗎？那麼，這裏就生出三種隔離底事情。

(1)性別方面的隔離。也可說是在社會上一般男女底隔離。曲禮上的『男女非有行媒不相知名非受幣不交不親。』不過說不是這樣便不能成就婚姻，還沒有極端注重在隔離上。注重隔離的，就是男女除通婚姻外，永不能有接觸底機會。原來男女自出母胎，卽有分別，如內則上說：

『子能食食，教以右手，能言，男唯女俞，男鞶革女鞶絲。七年男女不同席，不共食。』

『凡男拜尙左手，……凡女拜尙右手。』

是男女底隔離，實在算是絕對的了。所以在社會上，

『男女不雜坐，不同椸枷（置衣服之具）不同巾櫛，不親授。』（曲禮）

於是女子老是和男子分出內外，因而

『外言不入於梱，（梱門橛也）內言不出於梱。』（曲禮）

『男不言內，女不言外，非祭非喪不相授器，其相授則女受以篚，其無篚則皆坐（跪也）奠之而後取之，內外不共井，不共湢浴（湢浴室也）不通寢席，不通乞假。男女不通衣裳，內言不出，外言不入。男子入內，不嘯不指（聲容有異駭人視聽）夜行以燭，無燭則止。女子出門，必擁蔽其面，夜行以燭，無燭則止。』（內則）

所以要這樣的緣故，無非遠私褻的嫌疑，和重視婚姻底安定了。請看『男女授受不親』（坊記）一則，實是不可犯底原則，却因為『祭為肅嚴之地，喪當急遽之時，乃無他嫌』便許其『受器』。又恐怕有人藉此以作非，復使『授者跪而置諸地，則受者亦跪而就地以取之』這就千眞萬確不能發生性慾上的表示。至於女子出門要把臉子遮着，也是怕有人對他不規矩起來。那麼

『道路，男子由右，女子（婦人）由左（車從中央）』（內則）（王制）

依樣是出於這種意思。除這以外，還有兩種事情堪為遠私褻底嫌疑作個證據。一個是曲禮上說：

『僕御婦人，則進左手，後右手。』

又坊記上說：

『御婦人則進左手。』

要進左手底理由是『僕在中，婦人在左，進左手持轡，使身微相背，遠嫌也』（疏。）一個是喪大記上說：

『男子不死於婦人之手，婦人不死於男子之手。』

也不外是『惡其褻也』（註）這也是關於要隔離底主要緣故。再向着正面說來，就是鞏固婚姻底安定，使女子十二分地做盡一個『貞』字。曲禮上說：

『女子許嫁，纓非有大故，不入其門。』

因爲已有繫屬，便不許再和別人相逢，非有大故，就不能入其門了。那麼坊記上說：

『寡婦不夜哭』

和那曲禮上說：

『寡婦之子，非有見焉，弗與爲友。』

在這面看是遠私褻之嫌，在那面看就是維持他們婚姻底效力了。因爲男女在根本上不能相混，於是又引起以下底兩種隔離，

(2)親屬方面底隔離。 男女雖然都從一個娘胎裏出來，可是不能打破隔離底限制。曲禮上說：

『男女異長』

使其各爲伯仲免得落到『干雜』底情形中。若是女子嫁後而反，娘家底男子皆不能像她未嫁的時候，而同席坐起來，所以：

『姑姊妹女子已嫁而反，兄弟弗與同席而坐，同器而食。』(曲禮)

無非『遠同等之嫌，』弄得男女混雜起來，便不好了。婦人歸家也得父母存在，父母不存在，祗有兄弟，却是不能反視的。所以齊姜和齊襄會來會去，便惹得許多閒話。因而在諸侯方面，婦人非有三年之喪，不能踰封而弔。卽就在三年之喪中，夫人回來，也是用諸侯的禮弔。母家對待他，也若對待諸侯一樣(雜記)(註四十八)。追究起他的用意來，不外限制女子與母家男子接觸底機會，免得打破男女隔離底原意。

（3）叔嫂方面底隔離。　叔嫂所以要受隔離底限制，因爲叔嫂絕對不發生婚姻關係。仍然不外性慾底隔離。請看在 Andaman Islands 的民族中，因爲兄死後，其弟可承受其嫂，是爲兄弟共娶（levirate），所以弟見嫂便不避了。那麼在我國古代既不承認男女底社交公開，叔嫂當然要受隔離起來。我們知道服制是代表婚姻後各個人間相互所負底義務關係，而喪服上：

『叔嫂之無服也，蓋推而遠之也。』

是嫂雖是兄底妻子，叔和她却也不直接發生關係，只在名義上有叔嫂的稱謂，便沒有『服。』原來他們雖說是同在一家，却和路人差不多，於是：

『嫂不撫叔，叔不撫嫂。』（雜記）

雖然死了，連尸也是不能撫的。不過這話又說回來，他們要這樣地隔離起來，特是當時人認爲男女苟有接觸，便易於發生性慾關係，只落得這樣限制。其實既負着叔嫂底名義，就不能眞和路人相似，於是又發生『爲位』底說法。『爲位』是什麼？是就其所處底地位而言了。禮記奔喪上：

『無服而爲位者唯叔嫂』

這麼，嫂死了，叔要哭也不算得過禮，檀弓上便許子思底哭嫂，是『爲位』底關係。而孟子上又解釋

『嫂溺，援之以手』爲『權』底關係，以補救『男女授受不親』爲『禮』底關係。他們這樣千方萬計地說明實在的情形，便和他們『叔嫂隔離』底原則相副，更可看出因性慾底關係纔有這樣限制了。

照這看來，男女底隔離可說是很厲害了。但是這種限制，只是在戰國以前有莫大底勢力，等到戰國却不見得極端地生有效果。原來如楚國，如趙國，如齊國，都是解放男女底隔離，不過在空論上那些學究還不以爲然罷了。在楚國方面底情形，我們可從宋玉招魂看出來。他上說：

『士女雜坐，亂而不分些。』

在趙國方面的情形，我們可從呂氏春秋先識篇上看出來。他上說：

『中山之俗，以晝爲夜，以夜繼日，男女切倚，固無休息。』

在齊國方面的情形，我們可從史記滑稽傳上看出來。他上說：

『州閭之會，男女雜坐，行酒稽留，方博投壺，相引爲曹，握手無罰，目眙不禁，前有墮珥，後有遺簪。日暮酒闌，男女同席，履舄交錯，杯盤狼藉，堂上燭滅，羅襦襟解，微聞香澤，故曰酒極則亂。』

就以前的禁例看來，這種現象可說是自由到萬分，雖然大老先生給他加起一個『亂』字底批語，然而已竟成爲『俗，』雖不免矯枉過正。却對於以前底禁例總算戰勝過他了！

（二）不盡與性慾底禁例有關的禁例。這一種隔離，却非盡與性慾底隔離有關，實有其他的原因纔發生出。然而我想除過第一種，大都爲增加婚姻底勢力或甚是普通底原因了，其目有三，即：

（1）儀注方面的隔離。　如婦到夫家，不像現代婚儀，即便見了舅姑。她却是第二日見舅姑的。又如『若不親迎，婦入三月，然後壻見』也算是一種定例，不應違背的。但是這種辦法，只緣儀注而發生，可認爲暫時的離隔，沒有詳細敍述底必要，便省略下去。

（2）來往方面的隔離。　女子一生出來，母家便把她不當是自己家裏基本的分子，所以便謂其嫁爲『歸，』如召南上：

『之子于歸』

就是這個意思。那麼女子再要說是回到娘家，除過在定例以外，只有在『出』底情形中的。左傳上說：

『凡諸侯之女，歸寧曰來。出曰來歸。夫人歸寧曰如某，出曰歸於某。』（莊二十七）

是女子已嫁，和母家却不能隨便來往，所以穀梁氏對於夫人姜氏底如齊，屢次說：

『婦人既嫁不踰竟，踰竟非禮也。』

都因為『女子有行，遠父母兄弟』不能隨便來來往往的。不過父母在而不能不於一定時候歸而問父母底安寧這就有歸寧底制度成立起來，每歲舉行一次；若父母沒，除三年之喪踰封而弔外，每歲只有使卿往寧，夫人不得踰境的。所以春秋上莊公二十七年春，公會杞伯姬於洮。冬，伯姬又歸寧。是一歲兩寧，固然算是失禮了（參看胡傳）而夫人姜氏如齊一事，如謂寧其父母，父母已沒；如謂寧其兄弟，又義不得，更算是失常了（參看胡傳）如再不信，我們無妨翻出詩經看，如邶風中的泉水一章，（註四十九）衛風中的竹竿一章（註五十）都是女子思歸而不得，可見這種禁例底厲害！最能給我們看出往來方面底隔離的，就是衛風上載馳一章（註五十一）據詩序上說：

『載馳，許穆夫人作也。閔其宗國顛覆，自傷不能救也。衛懿公為狄人所滅，國人分散，露於漕邑。許穆夫人閔衛之亡，傷許之小，力不能救，思歸唁其兄，又義不得，故賦是詩也。』

衛遇大變，許穆夫人以父母不在，未便歸寧，自傷到這步田地；只可作作詩以自慰，足見往來方面的隔離，是不能隨便打破的了。

不過以上的例，多是限於諸侯階級方面，那麼這種隔離，或者是貴族中特有底制度，即不然，也許特別發達在貴族階級中的。因爲古代婚姻都是妻住夫家，這種限制自不能免，特有嚴厲不嚴厲地分別能了。

（3）居住方面底隔離。　女子嫁出後，與母家漸次疏離，固然是往來方面的隔離了；但是在一方面看來，也可認爲是居住方面的隔離了。按普通關於居住方面的隔離，分有三種，即妻住夫家，夫住妻家，夫妻另自成家。第一種可說是中國古代普通的而且是公認的一種隔離方法。第二種如所謂出『贅壻』底事實，在戰國時淳於髡便算是好例子，就是夫住在妻家：不過這却是一個特別的現象，和制度沒有什麼影響。依同理，第三種底證據，也可在戰國時找得出，就是商君治下的秦國了。商君書更法篇上，及史記商君傳上說：

『民有二男以上不分異者，倍其賦』

是二男分異，即夫妻另自成家了。

【註四十七】爾雅釋親：『母之考爲外王父，母之妣爲外王母。母之王考爲外曾王父，母之王妣爲外曾王母。母之晜弟爲舅，母之從父晜弟爲從舅。母之姊妹爲從母，從母之男子爲從母晜弟，其女子子爲從母姊妹（母黨）。妻之父爲外舅，妻之母爲外姑。姑之子爲甥，舅之子爲甥，妻之晜弟爲甥，姊妹之夫爲甥。妻之姊妹同出爲姨。女子謂姊妹之夫爲私。男子謂姊妹之子爲出。女子謂晜弟之子爲姪，謂出之子爲離孫，謂姪之子爲歸孫。女子子之子爲外孫。女子同出謂先生爲姒，後生爲娣。女子謂兄之妻爲嫂，弟之妻爲婦。長婦謂稚婦爲娣婦，娣婦謂長婦爲姒婦（妻黨）。婦稱夫之父曰舅，稱夫之母曰姑。姑舅在則曰君舅君姑，沒則曰先舅先姑。謂夫之庶母爲少姑，夫之兄爲兄公，夫之弟爲叔，夫之姊爲女公，夫之女弟爲女妹。子之妻爲婦，長婦爲嫡婦，衆婦爲庶婦。女子子之夫爲壻。壻之父爲姻，婦之父爲婚。父之黨爲宗族，母與妻之黨爲兄弟。婦之父母，壻之父母相謂爲婚姻。兩壻相謂爲亞。婦之黨爲婚兄弟，壻之黨爲姻兄弟。嬪，婦也。謂我舅者，吾謂之甥也。』（婚姻）

【註四十八】禮記雜記：『婦人非三年之喪，不踰封而弔。如三年之喪，則君夫人歸。夫人其歸也，以諸侯之弔禮。其待之也若待諸侯然。夫人至，入自闈門，升自側階。君在阼，其他如奔喪禮然。』

【註四十九】詩邶風，泉水序曰：『泉水，衛女思歸也。嫁於諸侯，父母終，思歸寧而不得，故作是詩以自見也。』文曰：『毖彼泉水，亦流於淇；有懷於衛，靡日不思；變彼諸姬，聊與之謀。出宿於泲，飲餞於禰，女子有行，遠父母兄弟；問我諸姑，遂及伯姊。出宿於干，飲餞於言；載脂載舝，還車言邁；遄臻於衛，不瑕有害。我思肥泉，茲之永歎；思須與漕，我心悠悠；駕言出遊，以寫我憂。」

【註五十】詩衛風竹竿序曰：「竹竿，衛女思歸也。適異國而不見答，思而能以禮者也。」文曰：「籊籊竹竿，以釣於淇；豈不爾思，遠莫致之。泉源在左，淇水在右；女子有行，遠兄弟父母。淇水在右，泉源在左；巧笑之瑳，佩玉之儺。淇水悠悠，檜楫松舟；駕言出遊，以寫我憂。」

【註五十一】詩衛風載馳：「載馳載驅，歸唁衛侯；驅馬悠悠，言至於漕。大夫跋涉，我心則憂。既不我嘉，不能旋反；視爾不臧，我思不遠。既不我嘉，不能旋濟；視爾不臧，我思不閟。陟彼阿丘，言采其蝱；女子善懷，亦各有行；許人尤之，衆穉且狂。我行其野，芃芃其麥；控於大邦，誰因誰極。大夫君子，無我有尤；百爾所思，不如我所之。」

第九章　婚姻底救濟

古代昏姻，須經過種種繁瑣底程序，纔能成立，雖然消極地把亂昏制可以限制住，但是男女底配合，便落得不自然，這就有了「怨女曠夫」的事情。再說昏姻是由父母主持的，由媒妁拉攏的，夫婦底愛情並非出於相感，乃是在昏後强用人力造成的。那麼卽就在通昏底現象中若是這愛情創造不成功，他們雙方或是一方更是要別找一個出路，完滿他們愛情上的慾望，這樣一來，便發生出一件事情，用我們現在的眼光，給他按上一個籠統底名辭，就是「婚姻底救濟」。

原來古代底婚姻現象很露出不滿足底色彩，周以前不可考，就拿周時十五國風說罷。除過魏，秦，檜，曹各風沒有載着男女婚姻底事情，餘外都有關於婚姻事實底記載。而婚姻得其時的，不過周召兩處。周南中桃夭一章，即表示周的地方「男女以正，婚姻以時，國無鰥民」（詩序），所以便「桃之夭夭，灼灼其華；之子于歸，宜其室家」了。召南中摽有梅一章，即表示召的地方「被文王之化，男女得以及時也」（詩序）所以便「摽有梅，其實七兮；求我庶士，迨其吉兮」了。然而野有死麕一章，「有女懷春，」雖然守身如玉，但「吉士誘之」底事，終不可免，可知無論如何，在古代那種制度下，男女婚姻底不自然，確是不能給他們諱的。即不這樣，或者因國亂底關係，仍舊弄得婚姻不得其時，如唐風中綢繆一章，便是這種表徵。（註五十二）

那麼，無論婚姻儀式多們繁瑣，婚姻障礙多們厲害，男女若是不得乎婚姻，總會跳出這種束縛，打破這種限制，而成為一種自然的救濟。不過這種自然的救濟，不算是社會上救濟婚姻自然的現象，卻非全社會認為應積極採用的。所以在這以外，又有一種為全社會公認底事情，預先防備婚姻生出的缺恨，或補救已生出的缺恨，達到孟子所主張的『內無怨女，外無曠夫』底目的。這種救濟，便不成爲自然現象而成爲法定制度舉世所公認的。如今再分開來詳細說一下：

（甲）自然的救濟

要論到自然的救濟上，當先把事實和理論分開。事實是現象，理論是批評，所以社會上縱如何不承認這種救濟方法，而事實卻只管存在，我們絕不能棄去不說的。況且當時的現象，用現在的眼光看來，固然也有過分的，如那些『相棄』一類的事情，終不算對；可是像邶風裏靜女章上所描寫的情形，我卻認爲是自然方向極完滿的救濟。他上說：

『靜女其姝，俟我於城隅，愛而不見，搔首踟躕。靜女其孌，貽我彤管，彤管有煒，悅懌女美。自牧歸荑，洵美且異，匪女之爲美，美人之貽。』

我們倒不管他是諷誰，只拿這種的情形看他們倆的愛情，總算是出於眞誠和『寤寐求之，輾轉反側，』又有什麼上下呢？那麼我們先談其：

（一）現象　召南上吉士引誘懷春的女子（野有死麕），邶風上七子之母不能安其室（凱風），都是要在婚姻方面打開一條通路，取消他們底『怨女曠夫』底資格的，於是乎男女（a）就有不用媒妁的，而行其吊膀子手段，如；

『氓之蚩蚩，抱布貿絲，匪來貿絲，來即我謀，』（衛風氓章）

『有美一人，清揚婉兮，邂逅相遇，適我願兮。』（鄭風野有蔓草章）

便是。其在事實方面，如聲伯的母親，便無媒禮（註五十三）（b）就有不經婚儀而實行其私奔主義的，如：

東方之日兮，彼姝者子，在我室兮，在我室兮，履我卽兮，（齊風東方之日章）

便是。其在事實方面，如孟任從魯莊公（註五十四）魯泉邱人女奔孟僖子，（註五十五）鄖陽封人女奔楚平王，（註五十六）。（c）就有不受購買方法底限制而甘違反起禮教來，如；

『東門之楊，其葉牂牂，昏以爲期，明星煌煌；（陳風東門之楊章）

『子之丰兮，俟我乎巷兮，悔予不送兮。』（鄭風丰章）（依毛解）

親迎而女不至，男行而女不隨，明媒正娶底話，是給她們說不上的。其在事實方面，如鄭公子忽先配而後祖，（註五十七）（d）就有不怕打破婚姻底安定而甘擔認起淫慾的罪過來，如；

『爰采唐矣，沬之鄉矣，云誰之思，美孟姜矣，期我乎桑中，要我乎上宮，送我乎淇之上矣，』（鄘風

桑中章）

『溱與洧，方渙渙兮；士與女，方秉蕑兮。女曰：「觀乎？」士曰：「既且。」「且往觀乎？洧之外，洵訏且樂，」維士與女，伊其相謔，贈之以勺藥』（鄭風溱洧章）

便是。其在事實方面，如晉驪姬與優人通，（國語）魯莊哀姜與夫弟慶父通，（註五十八）周襄狄后與夫弟叔帶通，（註五十九）又如魯穆姜與大夫叔孫僑如通，（註六十）齊聲孟子與大夫慶克通，（註六十一）晉欒子之妻與室老州賓通，（註六十二）魯季公鳥之妻與饔人通。（註六十三）總之世族在位，相竊妻妾，或易內以飲酒，（註六十四）或彼此以通室，（註六十五）於是男女棄隔，淫風大行，都是婚姻制度不好而惹出底自然現象。但最有意思的，還是衛宣公和其夫人互為淫亂的一件事實我們不必管他們的行為上的是非問題，但這樣一來，在『公平』的字義上倒可說得下去。如新臺一章，可以看出宣公的荒唐，君子偕老一章又可以看出衛夫人的淫亂，而匏有苦葉一章，更可證明出公與夫人並為淫亂的事實。我想男女淫亂得有道理沒道理，全問不着，只是男女都不安於室，顯見得婚姻不自然而應當有相棄底救濟，絕不是像禮教中人單許男子嫖妓不許女子拉人那們不公平。

後來到了戰國時代，這種現象曾不少衰，且因男女隔離不像春秋時代那樣嚴厲，而又不是承認社會公開當然是富於這種現象的。換句話說，春秋時代僅僅一個陳國因淫亂關係，男女『迎會於道路，歌舞於市井，』如東門之枌上所說的，（註六十六）已經表現出那們多的男女接觸的事情，況在戰國時代了！我們可以找出的事實，如周之上埊，有丈夫宦三年不歸，其妻便愛起人來了，（註六十七）是二周的風俗，到現在也變更起來。又如齊有不嫁之女，行年三十而有七子，（註六十八）燕人有妻私通於士，（註六十九），都是算婚姻上一種救濟了。不過婚姻的自然救濟，卻和純粹的婚姻變相，極有分別。固然自然救濟也算得一種變相，可是他着想在補救婚姻的不滿足，就不能認爲是純粹的變相。純粹的變相，有上淫者，如衛宣烝於夷姜，（註七十）晉獻烝於齊姜，（註七十一）晉惠烝於賈君，（註七十二）鄭文報其叔母陳嬀，（註七十三）楚襄老之子黑要烝其母夏姬。（註七十四）有奪子婦者，如衛宣，楚平（註七十五）諸人。有奪昆弟妻者，如魯穆伯。（註七十六）有兄弟姊妹相亂者，如齊襄之於文姜。有故意縱妻淫者，如魯桓送文姜於齊襄，衛侯爲南子召宋朝。（註七十七）有奪人妻者，如楚文取息嬀，（註七十八）聲伯奪施氏婦，（註七十九）鄭游販歸晉奪妻。（註八十）有主張出人妻而以己女妻之者，如齊景公之於晏子，孔文子之於宋子朝。其他如召伯烝宣姜，公子鮑烝祖母襄夫人，衞大叔疾之弟遺室其嫂，更出自國人之贊成，越發不能認爲一種救濟，只好說是變相罷了。而吳越春秋上載越王勾踐輸淫佚過犯之寡婦於山上令士有憂思者遊山以喜其意，簡直是以威力強使男女結合並亦和女子大開玩笑，依樣是不能認爲自然的救濟，這都是我們應當知道的。如今再說古代人對於自然的救濟底：

（二）批評　自然的救濟不論是出於正當不正當，但在古人心目中看出來，總都是不應該有的。所以召南上的野有死麕是『惡無禮也』；邶風上的靜女是『刺時也』；鄘風上的桑中是『刺奔也』；衞風上的氓是『刺時也』；王風上的大車是『刺周大夫也』；鄭風上的丰，東門之墠，及溱洧，是『刺亂也』；齊風上的東門之日，是『刺衰也』；陳風上的東門之枌，是『疾亂也』；澤陂是『刺時也』（均見詩序）不分靑紅皂白，都認定是變象。原來他們以爲不經過婚姻一定的程序和父母的命幷媒妁的言，便是『大無信也』（鄘風蝃蝀章）。最可怪處，是他們特別把女子限制得很厲害，男子藉買絲的名義去弔女工的膀子，女工上了他圈套，不來重責男子，反要說；

『吁嗟女兮，無與士耽；士之耽兮，猶可說也；女之耽兮，不可說也』（衞風氓章）

歸罪於女子身上，女子眞是負着不白之冤！衞宣公淫亂到極端，甚至把兒子——伋——底老婆侵佔起

來，衛夫人照樣行爲什麼不可，但是君子偕老章，卻嫌衛宣公的夫人不做那君子偕老的事，衛夫人未免太得喫虧，

不過他們雖然不承認自然底救濟，可是男女失時喪其怨耦的事，總不能免，如衛風上的有狐，唐風上的綢繆，都是言及這樣的事情，那麼他們自要在不違背他們所定的婚姻原則中想出一種救濟方法，便是下面所言的了。

(乙)法定的救濟

法定的救濟，也可叫做社會的救濟，又可叫做人爲的救濟，因爲這種救濟，並不一定全是一條一條載在法律上，他彷彿是習慣上所公認應當如是救濟起來，這便算是社會的救濟。但是據實而說，古代時一般人民懂得什麼，還不是給幾個智識中的人物『跑跑龍套』他們說是應當這樣實際上總不必行起來，而一般人卻認爲是聖人的話，期在必行的，所以這種救濟，又可說是人爲的救濟。那麼不管是有法律明文的，是社會施行的，是聖人創作的，而皆爲當時社會一般人所承認，很具有法律的效力，統叫做法定的救濟，便和自然的救濟對抗起來。談起法定的救濟，我們就依上邊所說的，把聖哲個人的理想與社會實有底限制放在一起了，這便分爲三段，即：

(一)婚姻行政　就是說爲達到婚姻底圓滿結果，國家特設有婚姻底行政。這種婚姻行政，在事實上有沒有我不敢說，但至少總是當時聖哲的理想而爲一般人所希望得到的。原來我們在這一段所根據的，是周禮與管子，周禮是不是周公所作，管子是不是管仲所作，倒不成問題，因爲其書之成，總不出乎當代的。但是卽許爲本人所作，倣其文義，大都是一種計劃，書中所採的計劃，是純出於理想，是抄寫於事實，因無從揀定，可是能現出在書上，總不外當代公認的理想了。這且慢言，卻說負擔婚姻行政是要緊的人物，就是周禮上地官大司徒。他是『施十有二教』第三教便是：

『以陰禮教親，則民不怨。』

陰禮就是婚姻的禮，使人民都達到正當的婚姻，而經過一定的程序的。這外他更『以荒政十有二聚萬民』第十政便是：

『多昏』

這時候既遇有凶荒，也就教萬民『以不備禮而娶』了。

其次的人物，就是地官媒氏，據周禮原文上說；

『媒氏掌萬民之判，凡男女自成名以上，皆書年月，日，名焉。今男三十而娶，女二十而嫁，凡娶判妻入子者皆書之。仲春之日，令會男女，於是時也，奔者不禁，若無故而不用令者，罰之。司男女之無夫家者而會之。凡嫁子娶妻入幣純帛無過五兩，禁遷葬者與嫁殤者，凡男女之陰訟，聽之於勝國之社，其附於刑者，歸之於士。」

是不僅探知其婚姻行政，更可看見其婚姻政策了。

再次的人物，就是地官遂人，他是掌邦之野，主六遂，其責任中如

「以樂昏擾甿。」

便是所擔負在婚姻行政方面的。

此外在管子上所考究出的，擔負婚姻行政的，是掌媒，所成就的政策是「合獨。」原文說；

「所謂合獨者，凡國都皆有掌媒，丈夫無妻曰鰥，婦人無夫曰寡，取鰥寡而和合之，予田宅而室家之，三年然後事之，則謂之合獨。」

這和「司男女之無夫家者而會之」是相同的辦法，純然是婚姻上一種政策。這種行政，固然不能確定在事實上有，可是事實上倒有好些是和他們相同的，就是以下兩段中所說的事實。

(二)殺禮成婚　古代婚禮的繁重，是由於古人愼重婚姻的構成而設，在他們也知道是在實

際上是阻止婚姻的發展的；所以當平常的時候，他們就准許因『奔』而成婚，不過名義上女子不能為『妻』而為『妾』罷了(內則)。到了國有凶荒，則殺禮而多婚，會男女之無夫家者，所以育人民也(詩序)。使妾的名義也給取消了，而照周禮上『仲春之月令會男女奔者不禁』雖說各家解釋不同，——我想總都是承認殺禮成婚的。

那麼在這裏就附帶發生出一種問題，就是舉行婚姻的時期尚遺。固然周禮上有仲春令會男女一句話，鄭康成等便以仲春為通婚底定期，於是東山上『倉庚于飛熠燿其羽之子于歸皇駁其馬』便稱倉庚仲春而鳴，乃嫁娶之時；我行其野上『我行其野，蔽芾其樗昏姻之故言就爾居，』便稱樗是仲春生時，亦嫁娶之時。其實這都是比興而起，和婚時確無相干。又因為詩經上有『士如歸期迨冰未泮』一句話，毛氏便以秋冬為通婚底定期，其實婚姻並不限於秋冬，由前段便可證明。最可靠的是婚姻四時都可通婚時問題直不成問題，我們取束晳婚姻以時議與通典嫁娶時日議一看，便可解決一切糾紛。

不過婚時雖四時通用，可是殺禮成婚的事情，除國經凶荒外，平常時候只限於仲春有的。因為『春者天地交感萬物孳生之時，聖人順天地萬物之情令媒氏以仲春會男女，』奔者不禁，男女之無夫家者而會之，『故女之懷婚姻者謂之懷春』（見嚴氏粲語）。是仲春乃殺禮成婚的日子，並非一定的婚時了。

（三）年齡限制　婚姻所以育人民，太早固然不好，太晚也是不好，所以在男女的年齡，又有一種限制。周禮媒氏令男三十而娶，女二十而嫁，就是這樣的行政。他如曲禮上『男子二十冠，……三十曰壯有室，』又內則上『男子二十而冠，始學禮，三十而有室，始理男事。女子十有五年而笄，二十而嫁；有故二十三年而嫁，』又穀梁傳上『男子二十而冠，冠而列丈夫，三十而娶；女子十五而許嫁，二十而嫁。』都可看出年齡底限制。至於家語上有一段話是『公（魯哀）曰：「男子十六精通，女化十四而化，是可以生民矣；而禮男子三十而有室，女子二十而有夫也，豈不晚哉。」孔子曰，「夫禮，言其極也，不是過也。男子二十而冠，有為人父之端；女子十五許嫁，有適人之道，於此而往，則自婚矣。」』恐是後人假託的話。即認為眞有，也是事實上的現象，而非固有的制度的。

但是男子三十而娶，雖為一般的制度，可是在貴族階級裏卻因承繼尊位的關係，就不受這一套的限制。所以人君十五生子（左傳），並非合於普通的法條，（註八十一）特以國不可久無儲貳，（註八十二）就打破定例了。

以上所言，無論在自然方面，在法定方面，都是因社會原有的婚姻制度不足供給實際上婚姻相通底要求，而後生有這種救濟，使『內無怨女，外無曠夫，』男女各得有配耦的。至於這種救濟爲當時承認與否，那卻是另一個問題。

【註五十二】詩唐風綢繆序曰：『綢繆，刺晉亂也。國亂則婚姻不得其時。』文曰：『綢繆束薪，三星在天。今夕何夕，見此良人。子兮子兮，如此良人何！』

【註五十三】左傳：『成公……十一年，……聲伯之母不聘。』

【註五十四】左傳：『莊公……三十二年，……初，莊公築臺臨黨氏，見孟任，從之。閟，而以夫人言，許之，割臂盟公，生子般焉。』

【註五十五】左傳：『昭公……十一年，……孟僖子會邾莊公，盟於祲祥，脩好，禮也。泉丘人有女，夢以其帷幕孟氏之廟，遂奔僖子。』

【註五十六】左傳：『昭公……十九年，……楚子之在蔡也，郹陽封人之女奔之，生太子建。』

【註五十七】左傳：『隱公……八年，……四月甲辰，鄭公子忽如陳逆婦媯。辛丑，以媯氏歸。甲寅入於鄭。陳鍼子送女，先配而後祖。鍼子曰，是不爲夫婦，誣其祖矣！非禮也，何以能育。』

【註五十八】左傳：『閔公……二年，……閔公哀姜之娣，叔姜之子也，故齊人立之。共仲通於哀姜，哀姜欲立之。閔公之死也，哀姜與知之。』

【註五十九】左傳：『僖公……二十四年，……初，甘昭公有寵於惠后，惠后將立之，未及而卒。昭公奔齊，王復之，又通於隗氏，王替隗氏。』

【註六十】左傳：『成公……十六年，……宣伯通於穆姜，欲去季孟而取其室。』

【註六十一】左傳：『成公……十七年，……齊慶克通於聲孟子。』

【註六十二】左傳：『襄公……二十一年，……欒桓子娶於范宣子，生懷子。范鞅以其亡也，怨欒氏；故與欒盈爲公族大夫而不相能。桓子卒，欒祁與其室老州賓通，幾亡室矣，懷子患之。』

【註六十三】左傳：『昭公……二十五年，……初，季公鳥娶妻於齊鮑文子，生甲。公鳥死，季公亥與公思展與公鳥之臣申夜姑相其室，及季姒與饔人檀通而懼。』

【註六十四】左傳：『襄公……二十八年，……齊慶封好田而嗜酒，與慶舍政，則以其內實遷於盧蒲嫳氏，易內而飲酒，數日國遷朝焉。』

【註六十五】左傳：『昭公……二十八年，……晉祁勝與鄔臧通室。祁盈將執之，訪於司馬叔游。』

【註六十六】詩陳風東門之枌：『東門之枌，宛丘之栩。子仲之子，婆娑其下。穀旦于差，南方之原，不績其麻，市也婆娑。穀旦於逝，越以鬷邁。視爾如荍，貽我握椒。』

【註六十七】戰國策：『周之上塞，嘗有丈夫官三年不歸，其妻愛人。其所愛者曰：「子之丈夫來，則且奈何乎？」其妻曰：「勿憂也。吾已爲藥酒而待其來矣。」已而其丈夫果來，於是因令其妾以藥酒而進之。其妾知之，半道而立。慮曰：「吾以此飲吾主父，則殺吾主父；以此事告吾主父，則逐吾主母。與殺主父逐吾主母者，寧佯躓而覆之。」於是因佯僵而仆之。其妻曰：「爲子之遠行來之故爲美酒，今妾奉而仆之！」其丈夫不知，縛其妾而笞之。』

【註六十八】戰國策齊策：『齊人見田駢曰：「聞先生高議，設爲不宦，臣鄰人之女，設爲不嫁，行年三十而有七子，不嫁則不嫁，然嫁過畢矣。」』

【註六十九】韓非子內儲說下篇：『燕人有妻私通於士，其夫早自外而來，士適出。夫曰：「何客也。」其妻曰：「無客。」問左右，左右言無有，如出一口。其妻曰：「公惑易，」因浴之以狗矢。

【註七十】左傳：『桓公……十六年，……初，衛宣公烝於夷姜，生急子，屬諸右公子。』

【註七十一】左傳：『莊公……二十八年，……晉獻公娶於賈，無子，烝於齊姜，生秦穆夫人及太子申生。』

【註七十二】左傳：『僖公……十五年，……晉侯之入也，秦穆姬屬賈君焉，且曰：「盡納羣公子。」晉侯烝於賈君，又不納羣公子，是以穆姬怨之。』

【註七十三】左傳：『宣公……三年，……文公報鄭子之妃曰陳嬀，生子華子臧。』

【註七十四】左傳：『成公……七年，……子反欲取夏姬，巫臣止之，遂取以行，子反亦怨之。及共王卽位，子重子反殺巫臣之族，子閻子蕩及淸尹弗忌及襄老之子黑要，而分其室。子重取子閻之室，使沈尹與王子罷分子蕩之室，子反取黑要之室。』

【註七十五】左傳：『昭公……十九年，……楚子之在蔡也，郹陽封人之女奔之，生太子建。及卽位，使伍奢爲之師，費無極爲少師，無寵焉，欲譖諸王，曰：「建可室矣。」王爲聘於秦，無極與逆，勸王取之，正月，楚夫人嬴氏至自秦。』

【註七十六】左傳：『文公……七年，……穆伯娶於莒，曰戴已，生文伯，其娣聲已生惠叔。戴已卒，又聘於莒，莒人以聲已辭，則爲襄仲聘焉。冬，徐伐莒，莒人來請盟，穆伯如莒涖盟，且爲仲逆。及鄢陵登城見之美，自為娶之。』

【註七十七】左傳『定公……十四年，……衞侯為夫人南子召宋朝，會於洮。』

【註七十八】左傳『莊公……十四年，……蔡哀侯為莘故，繩息嬀以語楚子。楚子入息，以食入享，遂滅息，以息嬀歸，生堵敖及成王焉。』

【註七十九】左傳『成公……十一年，……聲伯之母不聘。穆姜曰「吾不以妾為姒」生聲伯而出之。嫁於齊管于奚，生二子而寡，以歸聲伯。聲伯以其外弟為大夫，而嫁其外妹於施孝叔。郤犫來聘，求婦於聲伯，聲伯奪施氏婦以與之。』

【註八十】左傳『襄公……二十五年……十二月，鄭游販將歸晉。未出竟，遭逆妻者，奪之以館于邑。丁巳，其夫攻子明，殺之，以其妻行。』

【註八十一】左傳『襄公……十年，……晉侯曰「……國君十五而生子」』，按周文王十五生武王。

【註八十二】譙周曰：『國不可久無儲貳，故天子諸侯十五而冠，十五而娶，娶必先冠，以夫婦之道，王化之本，不可以童之道治之。』